ATTENTE DE DIEU

« Spiritualités vivantes »

SIMONE WEIL

ATTENTE DE DIEU

Préface de Christiane Rancé

Albin Michel

Albin Michel
▪ *Spiritualités* ▪

Collection « Spiritualités vivantes »
dirigée par Jean Mouttapa et Marc de Smedt

Préface

de *Christiane Rancé*

Les clichés font des caricatures, rarement un bon portrait. Longtemps, celui de Simone Weil a pâti de leur succession : révolutionnaire anorexique, chrétienne suicidaire, militante contemplative, communiste sans carte et catholique sans baptême. Dans un siècle prompt aux étiquettes et aux catégories, son extrême acuité intellectuelle alliée à son extrême ardeur à résoudre la question du malheur et de la condition humaine a déconcerté. Sa volonté de dépasser les contradictions – l'intelligence la plus aiguisée avec l'amour le plus christique – a égaré ses suiveurs. Comment trouver un lien entre ses *Réflexions sur les causes de la liberté et de l'oppression sociale* et *L'Iliade ou le poème de la force* ? Entre *La Source grecque* et sa *Note sur la suppression générale des partis politiques* ? Entre son activisme d'extrême gauche et le fonds de *L'Enracinement,* soit une étude des « besoins de l'âme » ? Il y eut ceux qui furent incapables de la saisir, elle si prophétique dans ses vues dès 1932 sur l'Allemagne nazie et l'Union soviétique, et parmi eux ce journaliste de *Combat* (dont Jean Paulhan épinglera les propos dans le « sottisier » de *La NRF*) : « Il manque deux choses à Simone Weil : avoir été infirmière et prostituée. Entre sa tête et ses pieds, il n'y a rien », et ceux qui saisirent la puissance de son originalité, comme René Girard qui comprit qu'elle fut la première à jeter les bases d'une anthropologie religieuse. *Attente de Dieu* apporte l'éclairage qui rend toute sa cohérence à la vie et à l'œuvre, tant les deux sont liées, inextricablement liées, ce qui est la clé majeure pour entrer dans le royaume weilien.

Attente de Dieu est le titre donné par le père Jean-Marie Perrin au florilège de lettres et de textes que Simone Weil avait composés entre janvier et juin 1942[1], nés du dialogue qu'elle entretenait avec lui depuis juin 1941, et qu'elle lui confia au moment de son départ pour Casablanca. Elle résidait alors à Marseille où elle attendait la possibilité d'un bateau qui les emmènerait, elle et ses parents, à New York. La philosophe est alors à un an de sa mort ; elle prépare activement son projet d'action sur la ligne de front contre les troupes nazies, où elle veut finir héroïquement. Dès lors, les écrits qu'elle remet au père dominicain Perrin constituent bien plus que son « autobiographie spirituelle » comme il a intitulé l'une de ses lettres : son testament, « ce que je porte en moi, et qui vaut, j'aime à le croire, beaucoup mieux que moi ».

1. « J'ai choisi le titre *Attente de Dieu*, parce qu'il était cher à Simone ; elle y voyait la vigilance du serviteur tendu vers le retour du maître » (Jean-Marie Perrin, « Préface » à *Attente de Dieu*, Fayard, 1966, p. 5).

Ces pages tout à fait singulières au regard de ce qu'elle a déjà édité recèlent la clé de l'œuvre tout entière de Simone Weil, jusqu'à sa forme fragmentée comme un vitrail, et publiée pour la plus grande part de façon posthume. Elles permettent de saisir et de comprendre la trajectoire de sa vie, fulgurante jusqu'à sa mort – ce « moment de pure vérité » qu'elle redoutait de manquer. C'est que, dans ces lettres, dans ces textes, Simone Weil se déclare à la façon d'Électre, l'héroïne grecque si chère à cette helléniste. Elle dit sa conversion au Christ en qui elle reconnaît la Vérité qu'elle a toujours désirée, et la révélation qu'elle ne concevait pas sans l'incarnation. On y entend le travail de l'intelligence au service de l'âme dans son « attention à Dieu ». On assiste à son approche du christianisme, et à l'épure du malheur. On suit les mouvements déconcertants et les exigences de sa pensée, celle d'une mystique qui a choisi de rester sur le seuil de l'Église, et qui dévoile pour la première fois la courbe de son expérience surnaturelle – c'est-à-dire son expérience de Dieu.

Cette *déclaration,* au sens d'une épiphanie, égrainée au long de la dizaine de textes qui constitue ce livre, sera une découverte pour son entourage quand il en prendra connaissance à sa publication en 1949, lorsque le père Perrin le décidera « comme Simone en avait exprimé explicitement le désir lors de nos diverses rencontres, pour donner à d'autres la possibilité d'entrer dans ce dialogue ». Tous – Alain son professeur en khâgne, son amie et biographe Simone Pétrement, ses amis de lutte syndicale à Saint-Étienne Urbain et Albertine Thévenon, Charles Ronsac, son compagnon de *La Révolution prolétarienne* où elle collaborait, Jean Ballard qui l'avait invitée à la belle aventure des *Cahiers du Sud* ou encore Jean Tortel qui n'avait deviné chez elle qu'une aspiration à devenir poète –, tous seront étonnés d'apprendre cette germination de l'Esprit en elle et qu'elle avait gardée secrète. « Notre Père ne réside que dans le secret. L'amour ne va pas sans pudeur. La foi véritable implique une grande discrétion même vis-à-vis de soi-même. Elle est un secret entre Dieu et nous auquel nous-même n'avons aucune part », explique-t-elle au père Perrin dans l'un de ces textes, intitulé « Formes de l'Amour implicite de Dieu ». De fait, ils furent très peu dans la confidence : le père Perrin, de quatre ans son aîné, avec qui elle a bataillé pendant un an sur la question de son baptême, le philosophe-paysan Gustave Thibon chez qui elle a passé une partie de l'été 1941 comme ouvrière agricole, et à qui elle confia ses aphorismes qu'il publiera en 1947 sous le titre *La Pesanteur et la Grâce*, Joë Bousquet qu'elle connut grâce aux *Cahiers du Sud* et qu'elle alla visiter à Carcassonne où sa paraplégie le tenait prisonnier, et enfin, un peu plus tard, Maurice Schumann, son ami et condisciple qui répondra à ses suppliques de la faire venir à Londres rejoindre les rangs de la France libre, et à qui elle avouera, à quelques heures de sa mort, l'inachèvement de sa quête : « J'éprouve un déchirement qui s'aggrave sans cesse, à la fois dans l'intelligence et au centre du cœur, par l'incapacité où je suis de penser ensemble dans la vérité le malheur des hommes, la perfection de Dieu et le lien entre les deux. » Pour les autres… La perplexité d'Urbain Thévenon à l'annonce de la mort de Simone Weil culmine à la découverte de sa foi : « Elle cherchait l'absolu qui n'existe pas et qui ne peut se trouver qu'en Dieu, ce havre des âmes inquiètes qui sera le sien », conclut-il. Et Albertine, sa femme : « Il faut bien reconnaître que bon nombre de ceux qui sont passés près d'elle n'ont même pas soupçonné l'être exceptionnel qu'elle fut. Pourtant, à ceux qui l'ont bien connue et aimée alors qu'elle était incroyante, puis l'ont retrouvée si profondément religieuse, sa vie apparaît avec une unité parfaite – malgré son changement apparent. »

En vérité, il n'y eut aucun changement dans la trajectoire de cette vie : « Quoiqu'il me soit plusieurs fois arrivé de franchir un seuil, je ne me rappelle pas un moment où j'ai changé de direction. » Dès son enfance, cette jeune fille née en 1909, à Paris, dans une bourgeoisie aisée d'origine juive mais agnostique, manifeste une empathie totale pour tous ceux qui souffrent et luttent autour d'elle, et une détestation affirmée pour les fanfreluches et les apparences. À trois ans, elle repousse une bague qu'une cousine lui offre : « Je n'aime pas le luxe. » À six ans, alors marraine d'un soldat de la Grande Guerre, elle refuse de manger du sucre tant que son filleul est au front. À neuf ans, elle ressent l'humiliation de l'Allemagne vaincue. À dix ans, elle refuse une robe et annonce : « Il vaudrait mieux que tout le monde soit habillé de la même façon, et pour un sou. Ainsi on pourrait travailler et on ne verrait pas la différence » – « La seule chose dont fut incapable sa surprenante intelligence était la frivolité », dira d'elle, bien plus tard, Albert Camus, son principal éditeur, qui gardait sa photographie dans son portefeuille.

Au demeurant, entre ses parents entièrement penchés sur leur éducation et son frère aîné André, plus tard mathématicien de renom du groupe Bourbaki, Simone Weil passe une enfance heureuse, protégée, où l'étude de l'histoire, de la littérature, du grec et du latin est matière à charades, devinettes et jeu des sept familles. Mais cette presque insouciance prend fin brutalement à quatorze ans. Elle l'avoue dans son « Autobiographie spirituelle » au père Perrin : « Je suis tombée dans un de ces désespoirs sans fond de l'adolescence, et j'ai sérieusement pensé à mourir, à cause de la médiocrité de mes facultés naturelles. [...] Je ne regrettais pas les succès extérieurs, mais de ne pouvoir espérer aucun accès à ce royaume transcendant où les hommes authentiquement grands sont seuls à entrer et où habite la vérité. J'aimais mieux mourir que de vivre sans elle. Après des mois de ténèbres intérieures, j'ai eu soudain et pour toujours la certitude que n'importe quel être humain, même si ses facultés naturelles sont presque nulles, pénètre dans ce royaume de la vérité réservé au génie, si seulement il désire la vérité et fait perpétuellement un effort d'attention pour l'atteindre. » Tout ce qu'elle vivra désormais s'éclaire à la lecture de ce désir : son inquiétude d'âme, sa singulière précocité, son exigence de justice et sa recherche de pureté qu'elle assouvit avec ferveur dans les textes grecs – particulièrement *l'Iliade* d'Homère, les Tragiques et Platon… Tout ce qui mènera ses pas et ses actions dans les années qui suivront, qu'elle soit brillante élève aux lycées Fénelon et Victor-Duruy, khâgneuse à Henri-IV ou normalienne rue d'Ulm – Simone Weil obtient son agrégation de philosophie à l'âge de vingt-deux ans –, tout tient dans cette résolution qu'elle a prise fermement et dont elle ne se départ pas : « Vois-tu, écrira-t-elle en 1934 à son amie Albertine Thévenon, tu vis tellement dans l'instant – et je t'aime pour ça – que tu ne te représentes pas peut-être ce que c'est que de concevoir toute sa vie devant soi, et de prendre la résolution ferme et constante d'en faire quelque chose, de l'orienter d'un bout à l'autre par la volonté et le travail dans un sens déterminé. »

« Désirer la vérité, c'est désirer un contact avec la réalité », décide-t-elle à la fin de ses études. En toute logique, parce qu'elle n'admet pas le moindre écart entre la pensée et l'action – entendant par là que les actes ne doivent pas contredire les pensées, mais encore que toute pensée doit être agissante –, elle décide d'accompagner la réalité de son temps : celle, terrible, des années 30. Au Puy-en-Velay, où elle a obtenu son premier poste de professeur à l'automne 1931, elle s'engage auprès des ouvriers, des paysans, des chômeurs employés à casser des cailloux ; elle leur distribue son salaire dont elle ne retient que le strict minimum pour vivre. Elle écrit des articles pour dénoncer les victimes de la force et de la puissance, où qu'elles soient. Elle descend dans la mine à Saint-Étienne. S'enfièvre lors des réunions syndicales. Fréquente les cercles communistes. Défile. Mais ce contact est encore trop éloigné de l'« éclat de la réalité » qui lui ferait trouver enfin cette vérité tant désirée. Elle a épuisé les ressources de la lutte syndicale et de la politique. Elle n'y a vu que des mensonges et la nouvelle forme d'oppression qui se profile, celle de l'État moderne. Alors elle décide de prendre un congé sabbatique de l'Éducation nationale, pour se faire engager comme ouvrière chez Alsthom. Elle « embauche » au petit matin du 4 décembre 1934. C'est son premier et durable contact avec le malheur. Il « tue sa jeunesse » : « J'ai reçu là pour toujours la marque de l'esclavage, comme la marque au fer rouge que les Romains mettaient au front de leurs esclaves les plus méprisés. Depuis je me suis toujours regardée comme une esclave », écrira-t-elle encore au père Perrin. Elle continue l'expérience pendant un an. Elle sort de l'usine brisée, et rompt avec le marxisme, à jamais horrifiée des conditions liberticides et abêtissantes que supportent les travailleuses à la chaîne, à jamais révoltée par l'emprise de la machine sur la dignité du travail. Pour autant, elle ne renonce pas à cette quête de réalité qui va la pousser jusqu'en Espagne, où la guerre civile vient d'éclater, combattre aux côtés des républicains, parce que rester à l'arrière, pour elle, c'est se faire complice de l'ennemi. Gravement blessée par maladresse, elle revient en France. Elle est bouleversée. En Espagne, elle a vu la violence à l'œuvre, son pouvoir hypnotique sur les meilleurs hommes et l'effondrement, face à elle, de la raison la plus solide.

Elle a vingt-huit ans. Déjà, l'usine, la guerre lui ont fait découvrir certains ressorts mystérieux de l'âme – la soumission à la tyrannie, la jubilation face au crime. Elle souffre désormais d'atroces migraines au point qu'elle soupçonne une tumeur. Son médecin la rassure, mais lui conseille du repos. Au printemps 1937, elle part pour l'Italie. Elle en revient transformée – à Assise, dans la petite église romane où priait saint François, « quelque chose de plus fort que moi m'a obligée, pour la première fois de ma vie, à me mettre à genoux », confesse-t-elle au père Perrin. Déjà, deux ans plus tôt, au cours d'un voyage au Portugal, elle avait été saisie par la « tristesse déchirante » des cantiques que chantaient des pêcheurs. Elle a eu alors, tout soudain, la certitude que « le christianisme est la religion par excellence des esclaves et qu'il leur est impossible de ne pas y adhérer ». Et d'ajouter : « Moi parmi les autres. » À son retour en France, à Solesmes où elle est allée chercher un écho à l'intuition du Portugal et à l'injonction d'Assise, elle fait enfin, en plénitude, la rencontre de Dieu : « Le Christ lui-même est descendu et m'a prise. » Le contact de personne à personne s'est opéré – et ce contact avec Dieu, elle viendra à le considérer comme le « véritable sacrement ».

Cette expérience mystique, vécue trois fois, Simone Weil cherche à la comprendre avec son intelligence. Elle veut trouver ce que cette révélation recèle de vérité. Partagée entre ses lectures pour trouver le principe transcendant et ses activités d'enseignante qu'elle a reprises par intervalles, entre les attaques féroces de ses migraines, elle assiste, horrifiée et impuissante, à l'invasion hitlérienne. Paris est déclarée ville ouverte. Elle quitte la capitale, désireuse d'entrer dans la Résistance, et décidée à mettre ses parents à l'abri. C'est ainsi qu'elle échoue avec eux, à l'automne 1940, à Marseille où, en attendant de trouver ce bateau qui les sauvera des lois antijuives édictées par le régime de Vichy, elle entame avec le père Perrin, résistant – déjà aux trois quarts aveugle –, ce dialogue sur son expérience de Dieu. Quand elle ne distribue pas *Témoignage chrétien* – interdit par l'Allemagne et Vichy –, quand elle ne s'active pas pour défendre le sort des réfugiés annamites parqués dans des camps, quand elle n'écrit pas ses articles pour *Les Cahiers du Sud*, quand elle a terminé les vendanges chez Gustave Thibon que le père Perrin lui a présenté, Simone Weil se rend chaque jour à la chapelle des dominicains, adorer l'Eucharistie : « Maintenant mon cœur a été transporté pour toujours, j'espère, dans le Saint-Sacrement exposé sur l'autel. » Et chaque jour, elle va interroger avec une détermination terrible le père Perrin, sans cesser d'explorer l'Ancien Testament, les Évangiles, le Coran, les grands textes hindous et chinois, avec la conviction que tous la ramènent au Christ. Mais l'Église peut-elle l'accueillir ? Le père Perrin peut-il la convertir ? Peut-il répondre à ses objections qui lui font refuser le baptême ?

Pendant les deux années qu'il lui restera à vivre, Simone Weil continuera de chercher un interlocuteur avec qui lutter sur le fil du dogme, sans défaillance, point par point. Elle rédige un questionnaire serré qu'elle confie au moment de son départ à Hélène Honnorat, sa condisciple, retrouvée à Marseille et qui lui a présenté le dominicain. Elle lui demande de le soumettre aux hommes d'Église qu'elle jugera dignes de ce nom. À New York, elle verra le père Couturier pour lui poser les mêmes questions qu'au père Perrin, qu'au chanoine Vidal à Carcassonne, qu'au bénédictin dom Clément Jacob à En-Calcat. Ses explorations, elle les confie à ses cahiers, réunis après sa mort sous le titre *La Porte du transcendant* et *La Connaissance surnaturelle.* Elle questionnera encore l'abbé de Naurois qui lui rendra visite à Londres, sur son lit d'hôpital, quelques heures avant qu'on l'envoie au sanatorium d'Ashford, dans le Kent. C'est là qu'elle s'éteindra, le 24 août 1943, désespérée de n'avoir pas été parachutée sur la France occupée pour une mission sans retour, épuisée par la tuberculose et les privations alimentaires qu'elle s'infligeait pour être en communion avec les victimes de la guerre. Elle avait eu encore la force d'écrire, dans son dernier carnet : « La foi ne doit être défendue que par l'innocence et l'amour. » Et : « La vérité qui devient la vie, c'est là le témoignage de l'Esprit. La vérité transformée en vie. »

Les lettres et les textes réunis dans *Attente de Dieu* qui exposent l'expérience chrétienne de Simone Weil – que le philosophe André Devaux résume comme un « dialogue entre l'amour et l'intelligence » – expriment déjà toute la déchirure qui ne cessera de s'aggraver, les mois qui suivront cette période de janvier à juin 1942, entre son amour pour le Christ et le refus de son Église qu'elle voit pourtant à la fois comme « gardienne des textes sacrés » et « dépositaire des sacrements ». Elle ne peut adhérer, explique-t-elle, à son dogme – ni à aucun autre d'ailleurs – parce que, selon son cœur et sa raison, il n'est « pas une chose à affirmer », mais une chose à regarder à une certaine distance, « avec attention, respect et amour ». De plus, elle refuse de reconnaître un Dieu de miséricorde dans le Dieu de l'Ancien Testament qu'elle juge totalement étranger à la révélation, car « trop mêlé au monde et à la puissance » ; et dès lors, elle ne craint pas d'écrire, fidèle à son intransigeance paradoxale, qu'« il faudrait purger le christianisme de l'héritage d'Israël ». Enfin, elle a en horreur l'anathème, que prononça trop souvent l'Église. Pour autant, Simone Weil est tout à fait convaincue que « Jésus-Christ est Dieu ». Et si l'intelligence n'est pas capable de saisir l'incarnation de Dieu en Jésus, « sinon indirectement, par les effets », elle doit en comprendre la nécessité : s'il n'y a pas un Christ « tout à fait Dieu et tout à fait homme », il ne peut plus, faute de lien, y avoir d'ordre du monde (Maurice Schumann, l'ami et le confident des dernières heures, éclaire ainsi la pensée de Simone Weil : « Si Dieu n'a pas consenti, en s'incarnant, le sacrifice par excellence, s'il n'a pas assumé – par la Crucifixion – "la condition de l'esclave", la création devient un accident ou un caprice. Mais dès lors que l'intelligence a discerné tout ce qui est au niveau de la vérité intelligible, il ne lui reste que de faire silence "pour laisser l'amour envahir toute l'âme" »). « L'expérience du transcendant : cela semble contradictoire et pourtant le transcendant ne peut être connu que par le contact, puisque nos facultés ne peuvent pas le fabriquer », commente encore Simone Weil, qui s'appuie sur les Évangiles. Jésus est ce contact, comme le dit saint Jean : au commencement était le *logos,* qui veut dire « médiateur », rappelle la philosophe, considérant la précision du vocabulaire comme une loi morale. Pour le rencontrer, Simone Weil propose une attention créatrice. L'âme doit se mettre en attente, « *en hupomonè* (c'est un mot tellement plus beau que *patientia* !) », cette notion si essentielle pour elle que le père Perrin la choisira pour titre du florilège. « S'arrêter un instant, attendre et écouter » comme Électre, suggère-t-elle. Électre qui ne cherche pas Oreste mais l'attend, et préfère l'absence d'Oreste à la présence de quoi que ce soit d'autre. À l'image d'Électre pour Oreste, Simone Weil prône l'« attente de Dieu », fût-ce sans espoir, fût-ce dans l'humiliation, dans le malheur, dans la souffrance, plutôt que d'envisager un seul instant la compromission avec les forts. Cette attente, pratiquée dans l'attention vigilante, avec l'amour qui est le « regard de l'âme », s'avère alors une invitation faite à Dieu de se manifester ; et Dieu, comme Oreste, « n'y tient plus ». « Il ne peut s'empêcher de se nommer. » Il donne la preuve certaine qu'il est Dieu – « Dieu, qui est aussi le véritable prochain ».

Les lettres et les textes d'*Attente de Dieu,* écrits avec une limpidité cristalline, sont des réflexions sur la création, le mal et le malheur, l'opposition de la Nécessité et de la Bonté en Dieu, sur l'importance extrême de cette attention qu'elle recommande dans les études scolaires – une attention proche de la prière, comme en témoignent ses « Réflexions sur le bon usage des études scolaires en vue de l'Amour de Dieu ». Elle y réfléchit, dans un mouvement de pensée toujours pris dans un sens ascendant, sur la vocation de l'homme à l'anéantissement de son moi. Elle y fait part de ses hésitations devant le baptême, alors même qu'elle a faim de cette Eucharistie qu'elle contemple, et soif de cette présence réelle de Dieu dont elle vient de faire une fois de plus l'expérience – « mais d'une présence infiniment plus réelle, plus poignante, plus claire et plus pleine d'amour que cette première fois où il m'a prise » –, en récitant inlassablement le « Pater » en grec, en cet été 1941, tandis qu'elle peinait à faire les vendanges. Elle cherche, dans les grands textes et les traditions préchrétiennes, les « formes de l'Amour implicite de Dieu » – la compassion, la gratitude, l'amour de la beauté du monde, l'amour des pratiques religieuses et l'amitié. Et conteste qu'aucune religion, pas plus la chrétienne qu'une autre, puisse en réclamer l'origine, ou le monopole. Elle expose ce qui en découle, et comment « l'âme porte ses fruits ». Elle y commente les effets du malheur, ce « déracinement de la vie », qui « rend Dieu absent pendant un temps ». Elle nous remet en bouche chaque mot du « Pater ». Enfin, dans ces pages, on saisit encore combien la philosophie de Simone Weil réalise un platonisme chrétien – n'a-t-elle pas écrit : « La vocation surnaturelle de la Grèce, c'est la recherche de la médiation entre le néant de la créature et la gloire de Dieu » ? Et combien elle établit une philosophie de la conversion, c'est-à-dire de la dé-création, « un anéantissement en Dieu qui donne à la créature anéantie la plénitude de l'être dont elle est privée tant qu'elle existe ». Dieu crée par amour en abdiquant une part de lui-même, en abandonnant sa Puissance à la Nécessité.

Lire *Attente de Dieu*, c'est aussi s'épargner tous les contresens qui ont entouré les raisons du décès de Simone Weil. Un an après avoir remis ses autographes au père Perrin, et une fois composé *L'Enracinement*, son grand œuvre, travail de commande pour la distraire de son obsessionnelle attente d'une mission à quoi personne ne consentait – « Cette femme est folle ! » avait dit de Gaulle à l'écoute de son projet –, Simone Weil rédigea « Théorie des sacrements » où elle annonçait pourquoi sa mort était l'achèvement d'une expérience religieuse, et non le terme de son existence. Elle n'était venue à Londres que pour s'y voir confier une mission de sacrifice dont on l'avait privée, la privant ainsi de lumière, la privant du seul choix qui lui semblait essentiel et impérieux dans la vie – celui de sa mort. Elle y voyait un sacrement, comme une médiation entre le malheur des hommes et la perfection de Dieu que son intelligence ne parvenait pas à penser ensemble, dans la vérité, et dont sa mort lui apporterait enfin la révélation attendue. Dans cette mort qu'elle rêvait sur un champ de bataille, d'un héroïsme tel que l'ennemi en serait moralement abattu, elle ne recherchait pas le martyre, mais cette vérité dont elle avait fait sa quête *absolue* depuis ses quatorze ans. « Je suis hors de la vérité ; rien d'humain ne peut m'y transporter ; et j'ai la certitude intérieure que Dieu ne m'y transportera pas d'une autre manière que celle-là. Une certitude de la même espèce que celle qui est à la racine de ce qu'on nomme une vocation religieuse », avait-elle imploré dans une lettre à Maurice Schumann, lui enjoignant encore de défendre son projet, la seule manière à ses yeux d'être transportée dans la vérité. Elle avait déjà avoué à Gustave Thibon, dans une lettre qui avait suivi son départ de Marseille, son espoir que cette décision de ne pas rester en France, même si elle se trompait, la mènerait finalement à bon port. Et elle précisait : « Ce que j'appelle bon port, vous le savez, c'est la Croix. » Elle qui avouait encore : « Toutes les fois que je pense à la crucifixion du Christ, je commets le péché d'envie » – ce qui fera dire à Emil Cioran : « Si j'aime tant Simone Weil, c'est pour les propos où elle rivalise d'orgueil avec les plus grands saints » –, s'est éteinte à trente-quatre ans. De sa mort, « née de sa propre vie » selon l'expression de Rainer Maria Rilke, il nous faut retenir cette vigilante attente où son âme porta ses fruits : le plus pur amour du prochain qui pour elle était Dieu, et son désir du salut qui « serait d'aller au lieu pur où les contraires sont un ».

Simone Weil est plus que jamais notre contemporaine : elle se tient au-devant de nous, pour nous montrer comment nous tenir face au monde.

LETTRES

1.

Hésitations devant le baptême

19 janvier 1942

Mon cher Père,

Je me décide à vous écrire... pour clore – tout au moins jusqu'à nouvel ordre – nos entretiens concernant mon cas. Je suis fatiguée de vous parler de moi, car c'est un sujet misérable ; mais j'y suis contrainte par l'intérêt que vous me portez par l'effet de votre charité.

Je me suis interrogée ces jours-ci sur la volonté de Dieu, en quoi elle consiste et de quelle manière on peut parvenir à s'y conformer complètement. Je vais vous dire ce que j'en pense.

Il faut distinguer trois domaines. D'abord ce qui ne dépend absolument pas de nous ; cela comprend tous les faits accomplis dans tout l'univers à cet instant-ci, puis tout ce qui est en voie d'accomplissement ou destiné à s'accomplir plus tard hors de notre portée. Dans ce domaine tout ce qui se produit en fait est la volonté de Dieu, sans aucune exception. Il faut donc dans ce domaine aimer absolument tout, dans l'ensemble et dans chaque détail, y compris le mal sous toutes ses formes ; notamment ses propres péchés passés pour autant qu'ils sont passés (car il faut les haïr pour autant que leur racine est encore présente), ses propres souffrances passées, présentes et à venir, et – ce qui est de loin le plus difficile – les souffrances des autres hommes pour autant qu'on n'est pas appelé à les soulager. Autrement dit il faut sentir la réalité et la présence de Dieu à travers toutes les choses extérieures sans exception, aussi clairement que la main sent la consistance du papier à travers le porte-plume et la plume.

Le second domaine est celui qui est placé sous l'empire de la volonté. Il comprend les choses purement naturelles, proches, facilement représentables au moyen de l'intelligence et de l'imagination, parmi lesquelles nous pouvons choisir, disposer et combiner du dehors des moyens déterminés en vue de fins déterminées et finies. Dans ce domaine, il faut exécuter sans défaillance ni délai tout ce qui apparaît manifestement comme un devoir. Quand aucun devoir n'apparaît manifestement, il faut tantôt observer des règles plus ou moins arbitrairement choisies, mais fixes ; et tantôt suivre l'inclination, mais dans une mesure limitée. Car une des formes les plus dangereuses du péché, ou la plus dangereuse, peut-être, consiste à mettre de l'illimité dans un domaine essentiellement fini.

Le troisième domaine est celui des choses qui sans être situées sous l'empire de la volonté, sans être relatives aux devoirs naturels, ne sont pourtant pas entièrement indépendantes de nous. Dans ce domaine, nous subissons une contrainte de la part de Dieu, à condition que nous méritions de la subir et dans la mesure exacte où nous le méritons. Dieu récompense l'âme qui pense à lui avec attention et amour, et il la récompense en exerçant sur elle une contrainte rigoureusement, mathématiquement proportionnelle à cette attention et à cet amour. Il faut s'abandonner à cette poussée, courir jusqu'au point précis où elle mène, et ne pas faire un seul pas de plus, même dans le sens du bien. En même temps, il faut continuer à penser à Dieu avec toujours plus d'amour et d'attention, et obtenir par ce moyen d'être poussé toujours davantage, d'être l'objet d'une contrainte qui s'empare d'une partie perpétuellement croissante de l'âme. Quand la contrainte s'est emparée de toute l'âme, on est dans l'état de perfection. Mais à quelque degré que l'on soit, il ne faut rien accomplir de plus que ce à quoi on est irrésistiblement poussé, non pas même en vue du bien.

Je me suis interrogée aussi sur la nature des sacrements, et je vais vous dire aussi ce qu'il m'en semble.

Les sacrements ont une valeur spécifique qui constitue un mystère, en tant qu'ils impliquent une certaine espèce de contact avec Dieu, contact mystérieux, mais réel. En même temps ils ont une valeur purement humaine en tant que symboles et cérémonies. Sous ce second aspect ils ne diffèrent pas essentiellement des chants, gestes et mots d'ordre de certains partis politiques ; du moins ils n'en diffèrent pas essentiellement par eux-mêmes ; bien entendu, ils en diffèrent infiniment par la doctrine à laquelle ils se rapportent. Je crois que la plupart des fidèles ont contact avec les sacrements seulement en tant que symboles et cérémonies, y compris certains qui sont persuadés du contraire. Si stupide que soit la théorie de Durkheim confondant le religieux avec le social, elle enferme pourtant une vérité ; à savoir que le sentiment social ressemble à s'y méprendre au sentiment religieux. Il y ressemble comme un diamant faux à un diamant vrai, de manière à faire méprendre effectivement ceux qui ne possèdent pas le discernement surnaturel. Au reste la participation sociale et humaine aux sacrements en tant qu'ils sont des cérémonies et des symboles est une chose excellente et salutaire, à titre d'étape, pour tous ceux dont le chemin est tracé sur cette voie. Pourtant ce n'est pas là une participation aux sacrements comme tels. Je crois que seuls ceux qui sont au-dessus d'un certain niveau de spiritualité peuvent avoir part aux sacrements en tant que tels. Ceux qui sont au-dessous de ce niveau, quoi qu'ils fassent, aussi longtemps qu'ils ne l'ont pas atteint, n'appartiennent pas à proprement parler à l'Église.

En ce qui me concerne, je pense être au-dessous de ce niveau. C'est pour cela que je vous ai dit, l'autre jour, que je me regarde comme étant indigne des sacrements. Cette pensée ne vient pas, comme vous l'avez cru, d'un excès de scrupule. Elle est fondée d'une part sur la conscience de fautes bien définies dans l'ordre de l'action et des rapports avec les êtres humains, fautes graves et même honteuses, que certainement vous jugeriez telles, et de plus assez fréquentes ; d'autre part, et plus encore, sur un sentiment général d'insuffisance. Je ne m'exprime pas ainsi par humilité. Car si je possédais la vertu d'humilité, la plus belle des vertus peut-être, je ne serais pas dans cet état misérable d'insuffisance.

Pour en finir avec ce qui me regarde, je me dis ceci. L'espèce d'inhibition qui me retient hors de l'Église est due soit à l'état d'imperfection où je me trouve, soit à ce que ma vocation et la volonté de Dieu s'y opposent. Dans le premier cas, je ne peux pas remédier directement à cette inhibition, mais seulement indirectement en devenant moins imparfaite, si la grâce m'y aide. À cet effet il faut seulement d'une part s'efforcer d'éviter les fautes dans le domaine des choses naturelles, d'autre part mettre toujours davantage d'attention et d'amour dans la pensée de Dieu. Si la volonté de Dieu est que j'entre dans l'Église, il m'imposera cette volonté au moment précis où je mériterai qu'il me l'impose.

Dans le second cas, si sa volonté n'est pas que j'y entre, comment y entrerais-je ? Je sais bien ce que vous m'avez souvent répété, à savoir que le baptême est la voie commune du salut – au moins dans les pays chrétiens – et qu'il n'y a absolument aucune raison pour que j'aie une voie exceptionnelle. Cela est évident. Mais pourtant, au cas où en fait il ne m'appartiendrait pas de passer par là, que pourrais-je y faire ? S'il était concevable qu'on se damne en obéissant à Dieu et qu'on se sauve en lui désobéissant, je choisirais quand même l'obéissance.

Il me semble que la volonté de Dieu n'est pas que j'entre dans l'Église présentement. Car, je vous l'ai déjà dit, et c'est encore vrai, l'inhibition qui me retient ne se fait pas moins fortement sentir dans les moments d'attention, d'amour et de prière que dans les autres moments. Et cependant j'ai éprouvé une très grande joie à vous entendre dire que mes pensées, telles que je vous les ai exposées, ne sont pas incompatibles avec l'appartenance à l'Église, et que par suite je ne lui suis pas étrangère en esprit.

Je ne puis m'empêcher de continuer à me demander si, dans ces temps où une si grande partie de l'humanité est submergée de matérialisme, Dieu ne veut pas qu'il y ait des hommes et des femmes qui se soient donnés à lui et au Christ et qui pourtant demeurent hors de l'Église.

En tout cas, lorsque je me représente concrètement et comme une chose qui pourrait être prochaine l'acte par lequel j'entrerais dans l'Église, aucune pensée ne me fait plus de peine que celle de me séparer de la masse immense et malheureuse des incroyants. J'ai le besoin essentiel, et je crois pouvoir dire la vocation, de passer parmi les hommes et les différents milieux humains en me confondant avec eux, en prenant la même couleur, dans toute la mesure du moins où la conscience ne s'y oppose pas, en disparaissant parmi eux, cela afin qu'ils se montrent tels qu'ils sont et sans se déguiser pour moi. C'est que je désire les connaître afin de les aimer tels qu'ils sont. Car si je ne les aime pas tels qu'ils sont, ce n'est pas eux que j'aime, et mon amour n'est pas vrai. Je ne parle pas de les aider, car cela, malheureusement, jusqu'à maintenant j'en suis tout à fait incapable. Je pense qu'en aucun cas je n'entrerais jamais dans un ordre religieux, pour ne pas me séparer par un habit du commun des hommes. Il y a des êtres humains pour qui cette séparation n'a pas de grave inconvénient, parce qu'ils sont déjà séparés du commun des hommes par la pureté naturelle de leur âme. Pour moi au contraire, je crois vous l'avoir dit, je porte en moi-même le germe de tous les crimes ou presque. Je m'en suis aperçue notamment au cours d'un voyage, dans des circonstances que je vous ai racontées. Les crimes me faisaient horreur, mais ne me surprenaient pas ; j'en sentais en moi-même la possibilité ; c'est même parce que j'en sentais en moi-même la possibilité qu'ils me faisaient horreur. Cette disposition naturelle est dangereuse et très douloureuse, mais comme toute espèce de disposition naturelle elle peut servir au bien si on sait en faire l'usage qui convient avec le secours de la grâce. Elle implique une vocation, qui est de rester en quelque sorte anonyme, apte à se mélanger à n'importe quel moment avec la pâte de l'humanité commune. Or, de nos jours, l'état des esprits est tel qu'il y a une barrière plus marquée, une séparation plus grande entre un catholique pratiquant et un incroyant qu'entre un religieux et un laïc.

Je sais que le Christ a dit : « Quiconque rougira de moi devant les hommes, je rougirai de lui devant mon Père. » Mais rougir du Christ, cela ne signifie peut-être pas pour tous et dans tous les cas ne pas adhérer à l'Église. Pour certains cela peut signifier seulement ne pas exécuter les préceptes du Christ, ne pas rayonner son esprit, ne pas honorer son nom quand l'occasion s'en présente, ne pas être prêt à mourir par fidélité pour lui.

Je vous dois la vérité, au risque de vous heurter, et bien qu'il me soit extrêmement pénible de vous heurter. J'aime Dieu, le Christ et la foi catholique autant qu'il appartient à un être aussi misérablement insuffisant de les aimer. J'aime les saints à travers leurs écrits et les récits concernant leur vie – à part quelques-uns qu'il m'est impossible d'aimer pleinement ni de regarder comme des saints. J'aime les six ou sept catholiques d'une spiritualité authentique que le hasard m'a fait rencontrer au cours de ma vie. J'aime la liturgie, les chants, l'architecture, les rites et les cérémonies catholiques. Mais je n'ai à aucun degré l'amour de l'Église à proprement parler, en dehors de son rapport à toutes ces choses que j'aime. Je suis capable de sympathiser avec ceux qui ont cet amour, mais moi je ne l'éprouve pas. Je sais bien que tous les saints l'ont éprouvé. Mais aussi étaient-ils presque tous nés et élevés dans l'Église. Quoi qu'il en soit, on ne se donne pas un amour par sa volonté propre. Tout ce que je peux dire, c'est que si cet amour constitue une condition du progrès spirituel, ce que j'ignore, ou s'il fait partie de ma vocation, je désire qu'il me soit un jour accordé.

Peut-être bien qu'une partie des pensées que je viens de vous exposer est illusoire et mauvaise.

Mais en un sens peu m'importe ; je ne veux plus examiner ; car après toutes ces réflexions je suis arrivée à une conclusion, qui est la résolution pure et simple de ne plus penser du tout à la question de mon entrée éventuelle dans l'Église.

Il est très possible qu'après être restée tout à fait sans y penser pendant des semaines, des mois ou des années, un jour je sentirai soudain l'impulsion irrésistible de demander immédiatement le baptême, et je courrai le demander. Car le cheminement de la grâce dans les cœurs est secret et silencieux.

Peut-être aussi que ma vie prendra fin sans que j'aie jamais éprouvé cette impulsion. Mais une chose est absolument certaine. C'est que s'il arrive un jour que j'aime Dieu suffisamment pour mériter la grâce du baptême, je recevrai cette grâce ce même jour, infailliblement, sous la forme que Dieu voudra, soit au moyen du baptême proprement dit, soit de toute autre manière. Dès lors pourquoi aurais-je aucun souci ? Ce n'est pas mon affaire de penser à moi. Mon affaire est de penser à Dieu. C'est à Dieu à penser à moi.

Cette lettre est bien longue. Une fois de plus, je vous aurai pris beaucoup plus de temps qu'il ne convient. Je vous en demande pardon. Mon excuse est qu'elle constitue, au moins provisoirement, une conclusion.

Croyez bien à ma très vive reconnaissance.

Simone Weil

2.

Même sujet

Mon cher Père,

Ceci est un post-scriptum à la lettre dont je vous disais qu'elle était provisoirement une conclusion. J'espère pour vous que ce sera le seul. Je crains bien de vous ennuyer. Mais s'il en est ainsi, prenez-vous-en à vous-même. Ce n'est pas ma faute si je crois vous devoir compte de mes pensées.

Les obstacles d'ordre intellectuel qui jusqu'à ces derniers temps m'avaient arrêtée au seuil de l'Église peuvent être regardés à la rigueur comme éliminés, dès lors que vous ne refusez pas de m'accepter telle que je suis. Pourtant des obstacles restent.

Tout bien considéré, je crois qu'ils se ramènent à ceci. Ce qui me fait peur, c'est l'Église en tant que chose sociale. Non pas seulement à cause de ses souillures, mais du fait même qu'elle est entre autres caractères une chose sociale. Non pas que je sois d'un tempérament très individualiste. J'ai peur pour la raison contraire. J'ai en moi un fort penchant grégaire. Je suis par disposition naturelle extrêmement influençable, influençable à l'excès, et surtout aux choses collectives. Je sais que si j'avais devant moi en ce moment une vingtaine de jeunes Allemands chantant en chœur des chants nazis, une partie de mon âme deviendrait immédiatement nazie. C'est là une très grande faiblesse. Mais c'est ainsi que je suis. Je crois qu'il ne sert à rien de combattre directement les faiblesses naturelles. Il faut se faire violence pour agir comme si on ne les avait pas dans les circonstances où un devoir l'exige impérieusement ; et dans le cours ordinaire de la vie il faut bien les connaître, en tenir compte avec prudence, et s'efforcer d'en faire bon usage, car elles sont toutes susceptibles d'un bon usage.

J'ai peur de ce patriotisme de l'Église qui existe dans les milieux catholiques. J'entends patriotisme au sens du sentiment qu'on accorde à une patrie terrestre. J'en ai peur parce que j'ai peur de le contracter par contagion. Non pas que l'Église me paraisse indigne d'inspirer un tel sentiment. Mais parce que je ne veux pour moi d'aucun sentiment de ce genre. Le mot vouloir est impropre. Je sais, je sens avec certitude que tout sentiment de ce genre, quel qu'en soit l'objet, est funeste pour moi.

Des saints ont approuvé les Croisades, l'Inquisition. Je ne peux pas ne pas penser qu'ils ont eu tort. Je ne peux pas récuser la lumière de la conscience. Si je pense que sur un point je vois plus clair qu'eux, moi qui suis tellement loin au-dessous d'eux, je dois admettre que sur ce point ils ont été aveuglés par quelque chose de très puissant. Ce quelque chose, c'est l'Église en tant que chose sociale. Si cette chose sociale leur a fait du mal, quel mal ne me ferait-elle pas à moi, qui suis particulièrement vulnérable aux influences sociales, et qui suis presque infiniment plus faible qu'eux ?

On n'a jamais rien dit ni écrit qui aille si loin que les paroles du diable au Christ dans saint Luc concernant les royaumes de ce monde : « Je te donnerai toute cette puissance et la gloire qui y est attachée, car elle m'a été abandonnée, à moi et à tout être à qui je veux en faire part. » Il en résulte que le social est irréductiblement le domaine du diable. La chair pousse à dire *moi* et le diable pousse à dire *nous* ; ou bien à dire, comme les dictateurs, *je* avec une signification collective. Et, conformément à sa mission propre, le diable fabrique une fausse imitation du divin, de l'ersatz de divin.

Par social je n'entends pas tout ce qui se rapporte à une cité, mais seulement les sentiments collectifs.

Je sais bien qu'il est inévitable que l'Église soit aussi une chose sociale ; sans quoi elle n'existerait pas. Mais pour autant qu'elle est une chose sociale elle appartient au Prince de ce monde. C'est parce qu'elle est un organe de conservation et de transmission de la vérité qu'il y a là un extrême danger pour ceux qui sont comme moi vulnérables à l'excès aux influences sociales. Car ainsi ce qu'il y a de plus pur et ce qui souille le plus, étant semblables et confondus sous les mêmes mots, font un mélange presque indécomposable.

Il existe un milieu catholique prêt à accueillir chaleureusement quiconque y entre. Or je ne veux pas être adoptée dans un milieu, habiter dans un milieu où on dit « nous » et être une partie de ce « nous », me trouver chez moi dans un milieu humain quel qu'il soit. En disant que je ne veux pas je m'exprime mal, car je le voudrais bien ; tout cela est délicieux. Mais je sens que cela ne m'est pas permis. Je sens qu'il m'est nécessaire, qu'il m'est prescrit de me trouver seule, étrangère et en exil par rapport à n'importe quel milieu humain sans exception.

Cela semble en contradiction avec ce que je vous écrivais sur mon besoin de me fondre avec n'importe quel milieu humain où je passe, d'y disparaître ; mais en réalité c'est la même pensée ; y disparaître n'est pas en faire partie, et la capacité de me fondre dans tous implique que je ne fasse partie d'aucun.

Je ne sais pas si je parviens à vous faire comprendre ces choses presque inexprimables.

Ces considérations concernent ce monde, et semblent misérables si on met en regard le caractère surnaturel des sacrements. Mais justement je crains en moi le mélange impur du surnaturel et du mal.

La faim est un rapport à la nourriture certes beaucoup moins complet, mais aussi réel que l'acte du manger.

Il n'est peut-être pas inconcevable que chez un être ayant telles dispositions naturelles, tel tempérament, tel passé, telle vocation, et ainsi de suite, le désir et la privation des sacrements puissent constituer un contact plus pur que la participation.

Je ne sais pas du tout s'il en est ainsi pour moi ou non. Je sais bien que ce serait quelque chose d'exceptionnel, et il semble qu'il y ait toujours une folle présomption à admettre qu'on puisse être une exception. Mais le caractère exceptionnel peut très bien procéder non pas d'une supériorité, mais d'une infériorité par rapport aux autres. Je pense que ce serait mon cas.

Quoi qu'il en soit, comme je vous l'ai dit, je ne me crois actuellement capable en aucun cas d'un véritable contact avec les sacrements, mais seulement du pressentiment qu'un tel contact est possible. À plus forte raison ne puis-je pas vraiment savoir actuellement quelle espèce de rapport avec eux me convient.

Il y a des moments où je suis tentée de m'en remettre entièrement à vous et de vous demander de décider pour moi. Mais en fin de compte je ne peux pas. Je n'en ai pas le droit.

Je crois que dans les choses très importantes on ne franchit pas les obstacles. On les regarde fixement, aussi longtemps qu'il le faut, jusqu'à ce que, dans le cas où ils procèdent des puissances d'illusion, ils disparaissent. Ce que j'appelle obstacle est autre chose que l'espèce d'inertie qu'il faut surmonter à chaque pas qu'on fait dans la direction du bien. J'ai l'expérience de cette inertie. Les obstacles sont tout autre chose. Si on veut les franchir avant qu'ils aient disparu, on risque des phénomènes de compensation auxquels fait allusion, je crois, le passage de l'Évangile sur l'homme de chez qui un démon est parti et chez qui ensuite sept démons sont revenus.

La simple pensée que je pourrais jamais, au cas

où je serais baptisée dans des dispositions autres que celles qui conviennent, avoir par la suite, même un seul instant, un seul mouvement intérieur de regret, cette pensée me fait horreur. Même si j'avais la certitude que le baptême est la condition absolue du salut, je ne voudrais pas, en vue de mon salut, courir ce risque. Je choisirais de m'abstenir tant que je n'aurais pas la conviction de ne pas courir ce risque. On a une telle conviction seulement quand on pense qu'on agit par obéissance. L'obéissance seule est invulnérable au temps.

Si j'avais mon salut éternel posé devant moi sur cette table, et si je n'avais qu'à tendre la main pour l'obtenir, je ne tendrais pas la main aussi longtemps que je ne penserais pas en avoir reçu l'ordre. Du moins j'aime à le croire. Et si au lieu du mien c'était le salut éternel de tous les êtres humains passés, présents et à venir, je sais qu'il faudrait faire de même. Là j'y aurais de la peine. Mais si j'étais seule en cause il me semble presque que je n'y aurais pas de peine. Car je ne désire pas autre chose que l'obéissance elle-même dans sa totalité, c'est-à-dire jusqu'à la croix.

Pourtant je n'ai pas le droit de parler ainsi. En parlant ainsi je mens. Car si je désirais cela je l'obtiendrais ; et en fait il m'arrive continuellement de tarder des jours et des jours dans l'accomplissement d'obligations évidentes que je sens comme telles, faciles et simples à exécuter en elles-mêmes, et importantes par leurs conséquences possibles pour les autres.

Mais il serait trop long et sans intérêt de vous

entretenir de mes misères. Et ce ne serait sans doute pas utile. Sauf toutefois pour vous empêcher de faire erreur à mon sujet.

Croyez bien toujours à ma très vive reconnaissance. Vous savez, je pense, que ce n'est pas une formule.

Simone Weil

3.

À propos de son départ

16 avril 1942

Mon Père,

Sauf imprévu, nous nous verrons dans huit jours pour la dernière fois. Je dois partir à la fin du mois[1].

Si vous pouviez arranger les choses de manière que nous puissions parler à loisir de ce choix de textes, ce serait bien. Mais je suppose que ce ne sera pas possible.

Je n'ai aucune envie de partir. Je partirai avec angoisse. Les calculs de probabilité qui me déterminent sont si incertains qu'ils ne me soutiennent guère. La pensée qui me guide, et qui habite en moi depuis des années, de sorte que je n'ose pas l'abandonner, quoique les chances de réalisation soient faibles, est assez proche du projet pour lequel vous avez eu la grande générosité de m'aider il y a quelques mois, et qui n'a pas réussi.

Au fond la principale raison qui me pousse, c'est

1. Simone Weil s'apprête alors à partir pour New York.

qu'étant donné la vitesse acquise et le concours des circonstances, il me semble que c'est la décision de rester qui serait de ma part un acte de volonté propre. Et mon plus grand désir est de perdre non seulement toute volonté, mais tout être propre.

Il me semble que quelque chose me dit de partir. Comme je suis tout à fait sûre que ce n'est pas la sensibilité, je m'y abandonne.

J'espère que cet abandon, même si je me trompe, me mènera finalement à bon port.

Ce que j'appelle bon port, vous le savez, c'est la croix. S'il ne peut m'être donné un jour de mériter avoir part à celle du Christ, au moins celle du bon larron. De tous les êtres autres que le Christ dont il est question dans l'Évangile, le bon larron est de loin celui que j'envie davantage. Avoir été aux côtés du Christ et dans le même état pendant la crucifixion me paraît un privilège beaucoup plus enviable que d'être à sa droite dans sa gloire.

Quoique la date soit proche, ma décision n'est pas prise encore d'une manière tout à fait irrévocable. Ainsi, si par hasard vous aviez un conseil à me donner, ce serait le moment. Mais n'y réfléchissez pas particulièrement. Vous avez beaucoup de choses beaucoup plus importantes à quoi penser.

Une fois partie, il me paraît peu probable que les circonstances me permettent un jour de vous revoir. Quant aux rencontres éventuelles dans une autre vie, vous savez que je ne me représente pas les choses ainsi. Mais peu importe. Il suffit à mon amitié pour vous que vous existiez.

Je ne pourrai pas m'empêcher de penser avec

une vive angoisse à tous ceux que j'aurai laissés en France, et à vous particulièrement. Mais cela aussi est sans importance. Je crois que vous êtes de ceux à qui, quoi qu'il arrive, il ne peut jamais arriver aucun mal.

La distance n'empêchera pas ma dette envers vous de s'accroître, avec le temps, de jour en jour. Car elle ne m'empêchera pas de penser à vous. Et il est impossible de penser à vous sans penser à Dieu.

Croyez à mon amitié filiale.

Simone Weil

P.-S. – Vous savez qu'il s'agit pour moi de tout autre chose, dans ce départ, que de fuir les souffrances et les dangers. Mon angoisse vient précisément de la crainte de faire en partant, malgré moi et à mon insu, ce que je voudrais par-dessus tout ne pas faire – à savoir fuir. Jusqu'ici on a vécu ici fort tranquille. Si cette tranquillité disparaissait précisément après mon départ, ce serait affreux pour moi. Si j'avais la certitude qu'il doive en être ainsi, je crois que je resterais. Si vous savez des choses qui permettent des prévisions, je compte sur vous pour me les communiquer.

4.

Autobiographie spirituelle

À lire pour commencer. P.-S

Cette lettre est effroyablement longue – mais comme il n'y a pas lieu d'y répondre – d'autant moins que je serai sans doute partie – vous avez des années devant vous, si vous voulez, pour en prendre connaissance. Prenez-en connaissance, quand même, un jour ou l'autre.

De Marseille, 15 mai environ

Mon Père,

Avant de partir je veux encore vous parler, pour la dernière fois peut-être, car de là-bas je ne ferai sans doute que vous envoyer parfois de mes nouvelles pour avoir des vôtres.

Je vous ai dit que j'avais une dette immense envers vous. Je veux tâcher de vous dire exactement et honnêtement en quoi elle consiste. Je pense que si vous pouviez vraiment comprendre quelle est ma situation spirituelle vous n'auriez aucun chagrin de ne pas m'avoir amenée au baptême. Mais je ne sais si c'est possible pour vous.

Vous ne m'avez pas apporté l'inspiration chrétienne ni le Christ ; car quand je vous ai rencontré cela n'était plus à faire, c'était fait, sans l'entremise d'aucun être humain. S'il n'en avait pas été ainsi, si je n'avais pas déjà été prise, non seulement implicitement, mais consciemment, vous ne m'auriez rien donné, car je n'aurais rien reçu de vous. Mon amitié pour vous aurait été une raison pour moi de refuser votre message, car j'aurais eu peur des possibilités d'erreur et d'illusion impliquées par une influence humaine dans le domaine des choses divines.

Je peux dire que dans toute ma vie je n'ai jamais, à aucun moment, cherché Dieu. Pour cette raison peut-être, sans doute trop subjective, c'est une expression que je n'aime pas et qui me paraît fausse. Dès l'adolescence j'ai pensé que le problème de Dieu est un problème dont les données manquent ici-bas et que la seule méthode certaine pour éviter de le résoudre à faux, ce qui me semblait le plus grand mal possible, était de ne pas le poser. Ainsi je ne le posais pas. Je n'affirmais ni ne niais. Il me paraissait inutile de résoudre ce problème, car je pensais qu'étant en ce monde notre affaire était d'adopter la meilleure attitude à l'égard des problèmes de ce monde, et que cette attitude ne dépendait pas de la solution du problème de Dieu.

C'était vrai du moins pour moi, car je n'ai jamais hésité dans ce choix d'une attitude ; j'ai toujours adopté comme seule attitude possible l'attitude chrétienne. Je suis pour ainsi dire née, j'ai grandi, je suis toujours demeurée dans l'inspiration chrétienne. Alors que le nom même de Dieu n'avait aucune part dans mes pensées, j'avais à l'égard des problèmes de ce monde et de cette vie la conception chrétienne d'une manière explicite, rigoureuse, avec les notions les plus spécifiques qu'elle comporte. Certaines de ces notions sont en moi aussi loin que mes souvenirs remontent. Pour d'autres je sais quand, de quelle manière et sous quelle forme elles se sont imposées à moi.

Par exemple je me suis toujours interdit de penser à une vie future, mais j'ai toujours cru que l'instant de la mort est la norme et le but de la vie. Je pensais que pour ceux qui vivent comme il convient, c'est l'instant où pour une fraction infinitésimale du temps la vérité pure, nue, certaine, éternelle entre dans l'âme. Je peux dire que jamais je n'ai désiré pour moi un autre bien. Je pensais que la vie qui mène à ce bien n'est pas définie seulement par la morale commune, mais que pour chacun elle consiste en une succession d'actes et d'événements qui lui est rigoureusement personnelle, et tellement obligatoire que celui qui passe à côté manque le but. Telle était pour moi la notion de vocation. Je voyais le critérium des actions imposées par la vocation dans une impulsion essentiellement et manifestement différente de celles qui procèdent de la sensibilité ou de la raison, et ne pas suivre une telle impulsion, quand elle surgissait, même si elle ordonnait des impossibilités, me paraissait le plus grand des malheurs. C'est ainsi que je concevais l'obéissance, et j'ai mis cette conception à l'épreuve quand je suis entrée et suis demeurée en usine, alors que je me trouvais dans cet état de douleur intense et ininterrompue que je vous ai récemment avoué. La plus belle vie possible m'a toujours paru être celle où tout est déterminé soit par la contrainte des circonstances soit par de telles impulsions, et où il n'y a jamais place pour aucun choix.

À quatorze ans je suis tombée dans un de ces désespoirs sans fond de l'adolescence, et j'ai sérieusement pensé à mourir, à cause de la médiocrité de mes facultés naturelles. Les dons extraordinaires de mon frère, qui a eu une enfance et une jeunesse comparables à celles de Pascal, me forçaient à en avoir conscience. Je ne regrettais pas les succès extérieurs, mais de ne pouvoir espérer aucun accès à ce royaume transcendant où les hommes authentiquement grands sont seuls à entrer et où habite la vérité. J'aimais mieux mourir que de vivre sans elle. Après des mois de ténèbres intérieures j'ai eu soudain et pour toujours la certitude que n'importe quel être humain, même si ses facultés naturelles sont presque nulles, pénètre dans ce royaume de la vérité réservée au génie, si seulement il désire la vérité et fait perpétuellement un effort d'attention pour l'atteindre. Il devient ainsi lui aussi un génie, même si faute de talent ce génie ne peut pas être visible à l'extérieur. Plus tard, quand les maux de tête ont fait peser sur le peu de facultés que je possède une paralysie que très vite j'ai supposée probablement définitive, cette même certitude m'a fait persévérer pendant dix ans dans des efforts d'attention que ne soutenait presque aucun espoir de résultats.

Sous le nom de vérité j'englobais aussi la beauté, la vertu et toute espèce de bien, de sorte qu'il s'agissait pour moi d'une conception du rapport entre la grâce et le désir. La certitude que j'avais reçue, c'était que quand on désire du pain on ne reçoit pas des pierres. Mais en ce temps je n'avais pas lu l'Évangile.

Autant j'étais certaine que le désir possède par lui-même une efficacité dans ce domaine du bien spirituel sous toutes ses formes, autant je croyais pouvoir l'être aussi qu'il n'est efficace dans aucun autre domaine.

Quant à l'esprit de pauvreté, je ne me rappelle pas de moment où il n'ait pas été en moi, dans la mesure, malheureusement faible, où cela était compatible avec mon imperfection. Je me suis éprise de saint François dès que j'ai eu connaissance de lui. J'ai toujours cru et espéré que le sort me pousserait un jour par contrainte dans cet état de vagabondage et de mendicité où il est entré librement. Je ne pensais pas parvenir à l'âge que j'ai sans être au moins passée par là. Il en est de même d'ailleurs pour la prison.

J'ai eu aussi dès la première enfance la notion chrétienne de charité du prochain, à laquelle je donnais ce nom de justice qu'elle a dans plusieurs endroits de l'Évangile, et qui est si beau. Vous savez que sur ce point, depuis, j'ai gravement défailli plusieurs fois.

Le devoir d'acceptation à l'égard de la volonté

de Dieu, quelle qu'elle puisse être, s'est imposé à mon esprit comme le premier et le plus nécessaire de tous, celui auquel on ne peut manquer sans se déshonorer, dès que je l'ai trouvé exposé dans Marc-Aurèle sous la forme de l'*amor fati* stoïcien.

La notion de pureté, avec tout ce que ce mot peut impliquer pour un chrétien, s'est emparée de moi à seize ans, après que j'avais traversé pendant quelques mois les inquiétudes sentimentales naturelles à l'adolescence. Cette notion m'est apparue dans la contemplation d'un paysage de montagne, et peu à peu s'est imposée d'une manière irrésistible.

Bien entendu, je savais très bien que ma conception de la vie était chrétienne. C'est pourquoi il ne m'est jamais venu à l'esprit que je pourrais entrer dans le christianisme. J'avais l'impression d'être née à l'intérieur. Mais ajouter à cette conception de la vie le dogme lui-même, sans y être contrainte par une évidence, m'aurait paru un manque de probité. J'aurais cru même manquer de probité en me posant comme un problème la question de la vérité du dogme, ou même simplement en désirant parvenir à une conviction à ce sujet. J'ai de la probité intellectuelle une notion extrêmement rigoureuse, au point que je n'ai jamais rencontré personne qui ne m'ait paru en manquer à plus d'un égard ; et je crains toujours d'en manquer moi-même.

M'abstenant ainsi du dogme, j'étais empêchée par une sorte de pudeur d'aller dans les églises, où pourtant j'aimais me trouver. Pourtant j'ai eu trois contacts avec le catholicisme qui ont vraiment compté.

Après mon année d'usine, avant de reprendre l'enseignement, mes parents m'avaient emmenée au Portugal, et là je les ai quittés pour aller seule dans un petit village. J'avais l'âme et le corps en quelque sorte en morceaux. Ce contact avec le malheur avait tué ma jeunesse. Jusque-là je n'avais pas eu l'expérience du malheur, sinon le mien propre, qui, étant le mien, me paraissait de peu d'importance, et qui d'ailleurs n'était qu'un demi-malheur, étant biologique et non social. Je savais bien qu'il y avait beaucoup de malheur dans le monde, j'en étais obsédée, mais je ne l'avais jamais constaté par un contact prolongé. Étant en usine, confondue aux yeux de tous et à mes propres yeux avec la masse anonyme, le malheur des autres est entré dans ma chair et dans mon âme. Rien ne m'en séparait, car j'avais réellement oublié mon passé et je n'attendais aucun avenir, pouvant difficilement imaginer la possibilité de survivre à ces fatigues. Ce que j'ai subi là m'a marquée d'une manière si durable qu'aujourd'hui encore, lorsqu'un être humain, quel qu'il soit, dans n'importe quelles circonstances, me parle sans brutalité, je ne peux pas m'empêcher d'avoir l'impression qu'il doit y avoir erreur et que l'erreur va sans doute malheureusement se dissiper. J'ai reçu là pour toujours la marque de l'esclavage, comme la marque au fer rouge que les Romains mettaient au front de leurs esclaves les plus méprisés. Depuis je me suis toujours regardée comme une esclave.

Étant dans cet état d'esprit, et dans un état physique misérable, je suis entrée dans ce petit village portugais, qui était, hélas, très misérable aussi, seule, le soir, sous la pleine lune, le jour même de la fête patronale. C'était au bord de la mer. Les femmes des pêcheurs faisaient le tour des barques, en procession, portant des cierges, et chantaient des cantiques certainement très anciens, d'une tristesse déchirante. Rien ne peut en donner une idée. Je n'ai jamais rien entendu de si poignant, sinon le chant des haleurs de la Volga. Là j'ai eu soudain la certitude que le christianisme est par excellence la religion des esclaves, que des esclaves ne peuvent pas ne pas y adhérer, et moi parmi les autres.

En 1937 j'ai passé à Assise deux jours merveilleux. Là, étant seule dans la petite chapelle romane du XIIe siècle de Santa Maria degli Angeli, incomparable merveille de pureté, où saint François a prié bien souvent, quelque chose de plus fort que moi m'a obligée, pour la première fois de ma vie, à me mettre à genoux.

En 1938 j'ai passé dix jours à Solesmes, du dimanche des Rameaux au mardi de Pâques, en suivant tous les offices. J'avais des maux de tête intenses ; chaque son me faisait mal comme un coup ; et un extrême effort d'attention me permettait de sortir hors de cette misérable chair, de la laisser souffrir seule, tassée dans son coin, et de trouver une joie pure et parfaite dans la beauté inouïe du chant et des paroles. Cette expérience m'a permis par analogie de mieux comprendre la possibilité d'aimer l'amour divin à travers le malheur. Il va de soi qu'au cours de ces offices la pensée de la Passion du Christ est entrée en moi une fois pour toutes.

Il y avait là un jeune Anglais catholique qui m'a donné pour la première fois l'idée d'une vertu surnaturelle des sacrements, par l'éclat véritablement angélique dont il paraissait revêtu après avoir communié. Le hasard – car j'aime toujours mieux dire hasard que Providence – a fait de lui, pour moi, vraiment un messager. Car il m'a fait connaître l'existence de ces poètes anglais du XVIIe siècle qu'on nomme métaphysiques. Plus tard, en les lisant, j'y ai découvert le poème dont je vous ai lu une traduction malheureusement bien insuffisante, celui qui est intitulé *Amour*. Je l'ai appris par cœur. Souvent, au moment culminant des crises violentes de maux de tête, je me suis exercée à le réciter en y appliquant toute mon attention et en adhérant de toute mon âme à la tendresse qu'il enferme. Je croyais le réciter seulement comme un beau poème, mais à mon insu cette récitation avait la vertu d'une prière. C'est au cours d'une de ces récitations que, comme je vous l'ai écrit, le Christ lui-même est descendu et m'a prise.

Dans mes raisonnements sur l'insolubilité du problème de Dieu, je n'avais pas prévu la possibilité de cela, d'un contact réel, de personne à personne, ici-bas, entre un être humain et Dieu. J'avais vaguement entendu parler de choses de ce genre, mais je n'y avais jamais cru. Dans les *Fioretti* les histoires d'apparition me rebutaient plutôt qu'autre chose, comme les miracles dans l'Évangile. D'ailleurs dans cette soudaine emprise du Christ sur moi, ni les sens ni l'imagination n'ont eu aucune part ; j'ai seulement senti à travers la souffrance la présence d'un amour analogue à celui qu'on lit dans le sourire d'un visage aimé.

Je n'avais jamais lu de mystiques, parce que je n'avais jamais rien senti qui m'ordonnât de les lire. Dans les lectures aussi je me suis toujours efforcée de pratiquer l'obéissance. Il n'y a rien de plus favorable au progrès intellectuel, car je ne lis autant que possible que ce dont j'ai faim, au moment où j'en ai faim, et alors je ne lis pas, je mange. Dieu m'avait miséricordieusement empêchée de lire les mystiques, afin qu'il me fût évident que je n'avais pas fabriqué ce contact absolument inattendu.

Pourtant j'ai encore à moitié refusé, non mon amour, mais mon intelligence. Car il me paraissait certain, et je le crois encore aujourd'hui, qu'on ne peut jamais trop résister à Dieu si on le fait par pur souci de la vérité. Le Christ aime qu'on lui préfère la vérité, car avant d'être le Christ il est la vérité. Si on se détourne de lui pour aller vers la vérité, on ne fera pas un long chemin sans tomber dans ses bras.

C'est après cela que j'ai senti que Platon est un mystique, que toute l'*Iliade* est baignée de lumière chrétienne, et que Dionysos et Osiris sont d'une certaine manière le Christ lui-même ; et mon amour en a été redoublé.

Je ne me demandais jamais si Jésus a été ou non une incarnation de Dieu ; mais en fait j'étais incapable de penser à lui sans le penser comme Dieu.

Au printemps 1940 j'ai lu la *Bhagavat-Gîtâ*. Chose singulière, c'est en lisant ces paroles merveilleuses et d'un son tellement chrétien, mises dans la bouche d'une incarnation de Dieu, que j'ai senti avec force que nous devons à la vérité religieuse bien autre chose que l'adhésion accordée à un beau poème, une espèce d'adhésion bien autrement catégorique.

Pourtant je ne croyais pas pouvoir même me poser la question du baptême. Je sentais que je ne pouvais pas honnêtement abandonner mes sentiments concernant les religions non chrétiennes et concernant Israël – et en effet le temps et la méditation n'ont fait que les renforcer – et je croyais que c'était un obstacle absolu. Je n'imaginais pas la possibilité qu'un prêtre pût même songer à m'accorder le baptême. Si je ne vous avais pas rencontré, je ne me serais jamais posé le problème du baptême comme un problème pratique.

Pendant toute cette progression spirituelle je n'ai jamais prié. Je craignais le pouvoir de suggestion de la prière, ce pouvoir pour lequel Pascal la recommande. La méthode de Pascal me paraît une des plus mauvaises possible pour arriver à la foi.

Le contact avec vous n'a pu me persuader de prier. Au contraire le danger me paraissait d'autant plus à craindre que j'avais à me méfier aussi du pouvoir de suggestion de mon amitié pour vous. En même temps j'étais très gênée de ne pas prier et de ne pas vous le dire. Et je savais que je ne pouvais pas vous le dire sans vous induire tout à fait en erreur à mon égard. À ce moment je n'aurais pas pu vous faire comprendre.

Jusqu'en septembre dernier il ne m'était jamais arrivé dans ma vie de prier même une seule fois, du moins au sens littéral du mot. Jamais je n'avais tout haut ou mentalement adressé de paroles à Dieu. Jamais je n'avais prononcé une prière liturgique. Il m'était arrivé parfois de me réciter le « Salve Regina », mais seulement comme un beau poème.

L'été dernier, faisant du grec avec T..., je lui avais fait le mot à mot du « Pater » en grec. Nous nous étions promis de l'apprendre par cœur. Je crois qu'il ne l'a pas fait. Moi non plus, sur le moment. Mais quelques semaines plus tard, feuilletant l'Évangile, je me suis dit que puisque je me l'étais promis et que c'était bien, je devais le faire. Je l'ai fait. La douceur infinie de ce texte grec m'a alors tellement prise que pendant quelques jours je ne pouvais m'empêcher de me le réciter continuellement. Une semaine après j'ai commencé la vendange. Je récitais le « Pater » en grec chaque jour avant le travail, et je l'ai répété bien souvent dans la vigne.

Depuis lors je me suis imposé pour unique pratique de le réciter une fois chaque matin avec une attention absolue. Si pendant la récitation mon attention s'égare ou s'endort, fût-ce d'une manière infinitésimale, je recommence jusqu'à ce que j'aie obtenu une fois une attention absolument pure. Il m'arrive alors parfois de recommencer une fois encore par pur plaisir, mais je ne le fais que si le désir me pousse.

La vertu de cette pratique est extraordinaire et me surprend chaque fois, car quoique je l'éprouve chaque jour elle dépasse chaque fois mon attente.

Parfois les premiers mots déjà arrachent ma pensée à mon corps et la transportent en un lieu hors de l'espace d'où il n'y a ni perspective ni point de vue. L'espace s'ouvre. L'infinité de l'espace ordinaire de la perception est remplacée par une infinité à la deuxième ou quelquefois troisième puissance. En même temps cette infinité d'infinité s'emplit de part en part de silence, un silence qui n'est pas une absence de son, qui est l'objet d'une sensation positive, plus positive que celle d'un son. Les bruits, s'il y en a, ne me parviennent qu'après avoir traversé ce silence.

Parfois aussi, pendant cette récitation ou à d'autres moments, le Christ est présent en personne, mais d'une présence infiniment plus réelle, plus poignante, plus claire et plus pleine d'amour que cette première fois où il m'a prise.

Jamais je n'aurais pu prendre sur moi de vous dire tout cela sans le fait que je pars. Et comme je pars avec plus ou moins la pensée d'une mort probable, il me semble que je n'ai pas le droit de taire ces choses. Car après tout, dans tout cela il ne s'agit pas de moi. Il ne s'agit que de Dieu. Je n'y suis vraiment pour rien. Si on pouvait supposer des erreurs en Dieu, je penserais que tout cela est tombé sur moi par erreur. Mais peut-être que Dieu se plaît à utiliser les déchets, les pièces loupées, les objets de rebut. Après tout, le pain de l'hostie serait-il moisi, il devient quand même le Corps du Christ, après que le prêtre l'a consacré. Seulement il ne peut pas le refuser, au lieu que nous, nous pouvons désobéir. Il me semble parfois qu'étant traitée d'une manière si miséricordieuse, tout péché de ma part doit être un péché mortel. Et j'en commets sans cesse.

Je vous ai dit que vous êtes pour moi quelque chose à la fois comme un père et comme un frère. Mais ces mots n'expriment qu'une analogie. Peut-être au fond correspondent-ils seulement à un sentiment d'affection, de reconnaissance et d'admiration. Car quant à la direction spirituelle de mon âme, je pense que Dieu lui-même l'a prise en main dès le début et la conserve.

Cela ne m'empêche pas d'avoir envers vous la plus grande dette que je puisse avoir contractée envers un être humain. Voici exactement en quoi elle consiste.

D'abord vous m'avez dit une fois, au début de nos relations, une parole qui est allée jusqu'au fond de moi-même. Vous m'avez dit : « Faites bien attention, car si vous passiez à côté d'une grande chose par votre faute, ce serait dommage. »

Cela m'a fait apercevoir un nouvel aspect du devoir de probité intellectuelle. Jusque-là je ne l'avais conçu que contre la foi. Cela semble horrible, mais ne l'est pas, au contraire. Cela tenait à ce que je sentais tout mon amour du côté de la foi. Vos paroles m'ont fait penser que peut-être il y avait en moi, à mon insu, des obstacles impurs à la foi, des préjugés, des habitudes. J'ai senti qu'après m'être dit seulement pendant tant d'années : « Peut-être que tout cela n'est pas vrai », je devais, non pas cesser de me le dire – j'ai soin de me le dire très souvent encore à présent –, mais joindre à cette formule la formule contraire, « Peut-être que tout cela est vrai », et les faire alterner.

En même temps, en faisant pour moi de la question du baptême un problème pratique, vous m'avez forcée à regarder en face, longtemps, de tout près, avec la plénitude de l'attention, la foi, les dogmes et les sacrements, comme des choses envers lesquelles j'avais des obligations qu'il me fallait discerner et accomplir. Je ne l'aurais jamais fait autrement, et cela m'était indispensable.

Mais votre plus grand bienfait a été d'un autre ordre. En vous emparant de mon amitié par votre charité, dont je n'avais jamais rencontré l'équivalent, vous m'avez fourni la source d'inspiration la plus puissante et la plus pure qu'on puisse trouver parmi les choses humaines. Car rien parmi les choses humaines n'est aussi puissant, pour maintenir le regard appliqué toujours plus intensément sur Dieu, que l'amitié pour les amis de Dieu.

Rien ne me fait mieux mesurer l'étendue de votre charité que le fait que vous m'avez tolérée si longtemps et avec tant de douceur. J'ai l'air de plaisanter, mais ce n'est pas le cas. Il est vrai que vous n'avez pas les mêmes motifs que moi-même (ceux que je vous ai écrits l'autre jour) pour éprouver de la haine et de la répulsion pour moi. Mais pourtant votre patience à mon égard ne me paraît pouvoir provenir que d'une générosité surnaturelle.

Je n'ai pu m'empêcher de vous causer la plus grande déception qu'il ait été en mon pouvoir de vous causer. Mais jusqu'à maintenant, bien que je me sois souvent posé la question pendant la prière, pendant la messe, ou à la lumière du rayonnement qui reste dans l'âme après la messe, je n'ai jamais eu même une fois, même une seconde, la sensation que Dieu me veut dans l'Église. Je n'ai jamais eu même une fois une sensation d'incertitude. Je crois qu'à présent on peut enfin conclure que Dieu ne me veut pas dans l'Église. N'ayez donc aucun regret.

Il ne le veut pas jusqu'ici du moins. Mais sauf erreur il me semble que sa volonté est que je reste au-dehors à l'avenir aussi, sauf peut-être au moment de la mort. Pourtant je suis toujours prête à obéir à tout ordre quel qu'il soit. J'obéirais avec joie à l'ordre d'aller au centre même de l'enfer et d'y demeurer éternellement. Je ne veux pas dire, bien entendu, que j'ai une préférence pour des ordres de ce genre. Je n'ai pas cette perversité.

Le christianisme doit contenir en lui toutes les vocations sans exception, puisqu'il est catholique. Par suite l'Église aussi. Mais à mes yeux le christianisme est catholique en droit et non en fait. Tant de choses sont hors de lui, tant de choses que j'aime et ne veux pas abandonner, tant de choses que Dieu aime, car autrement elles seraient sans existence. Toute l'immense étendue des siècles passés, excepté les vingt derniers ; tous les pays habités par des races de couleur ; toute la vie profane dans les pays de race blanche ; dans l'histoire de ces pays, toutes les traditions accusées d'hérésie, comme la tradition manichéenne et albigeoise ; toutes les choses issues de la Renaissance, trop souvent dégradées, mais non tout à fait sans valeur.

Le christianisme étant catholique en droit et non

en fait, je regarde comme légitime de ma part d'être membre de l'Église en droit et non en fait, non seulement pour un temps, mais le cas échéant toute ma vie.

Mais ce n'est pas seulement légitime. Tant que Dieu ne me donnera pas la certitude qu'il m'ordonne le contraire, je pense que c'est pour moi un devoir.

Je pense, et vous aussi, que l'obligation des deux ou trois prochaines années, obligation tellement stricte qu'on ne peut presque y manquer sans trahison, est de faire apparaître au public la possibilité d'un christianisme vraiment incarné. Jamais, dans toute l'histoire actuellement connue, il n'y a eu d'époque où les âmes aient été tellement en péril qu'aujourd'hui à travers tout le globe terrestre. Il faut de nouveau élever le serpent d'airain pour que quiconque jette les yeux sur lui soit sauvé.

Mais tout est tellement lié à tout que le christianisme ne peut être vraiment incarné que s'il est catholique, au sens que je viens de définir. Comment pourrait-il circuler à travers toute la chair des nations d'Europe s'il ne contient pas en lui-même tout, absolument tout ? Sauf le mensonge, bien entendu. Mais en tout ce qui est, il y a la plupart du temps davantage de vérité que de mensonge.

Ayant un sentiment si intense, si douloureux de cette urgence, je trahirais la vérité, c'est-à-dire l'aspect de la vérité que j'aperçois, si je quittais le point où je me trouve depuis la naissance, à l'intersection du christianisme et de tout ce qui n'est pas lui.

Je suis toujours demeurée sur ce point précis,

au seuil de l'Église, sans bouger, immobile. ἐν ὑπομονῃ (c'est un mot tellement plus beau que *patientia* !) ; seulement maintenant mon cœur a été transporté, pour toujours, j'espère, dans le Saint-Sacrement exposé sur l'autel.

Vous voyez que je suis bien loin des pensées que H… m'attribuait avec beaucoup de bonnes intentions. Je suis loin aussi d'éprouver aucun tourment.

Si j'ai de la tristesse, cela vient d'abord de la tristesse permanente que le sort a imprimée pour toujours dans ma sensibilité à laquelle les joies les plus grandes, les plus pures, peuvent seulement se superposer, et cela au prix d'un effort de l'attention ; puis de mes misérables et continuels péchés ; puis de tous les malheurs de cette époque et de tous ceux de tous les siècles passés.

Je pense que vous devez comprendre que je vous aie toujours résisté ; si toutefois, étant prêtre, vous pouvez admettre qu'une vocation authentique empêche d'entrer dans l'Église.

Autrement il restera une barrière d'incompréhension entre nous, soit que l'erreur soit de ma part ou de la vôtre. Cela me ferait du chagrin du point de vue de mon amitié pour vous, parce que en ce cas, pour vous, le bilan des efforts et des désirs provoqués par votre charité envers moi serait une déception. Et quoiqu'il n'y ait pas de ma faute, je ne pourrais m'empêcher de m'accuser d'ingratitude. Car, encore une fois, ma dette envers vous dépasse toute mesure.

Je voudrais appeler votre attention sur un point. C'est qu'il y a un obstacle absolument infranchissable à l'incarnation du christianisme. C'est l'usage des deux petits mots *anathema sit.* Non pas leur existence, mais l'usage qu'on en a fait jusqu'ici. C'est cela aussi qui m'empêche de franchir le seuil de l'Église. Je reste aux côtés de toutes les choses qui ne peuvent pas entrer dans l'Église, ce réceptacle universel, à cause de ces deux petits mots. Je reste d'autant plus à leur côté que ma propre intelligence est du nombre.

L'incarnation du christianisme implique une solution harmonieuse du problème des relations entre individus et collectivité. Harmonie au sens pythagoricien ; juste équilibre des contraires. Cette solution est ce dont les hommes ont soif précisément aujourd'hui.

La situation de l'intelligence est la pierre de touche de cette harmonie, parce que l'intelligence est la chose spécifiquement, rigoureusement individuelle. Cette harmonie existe partout où l'intelligence, demeurant à sa place, joue sans entraves et emplit la plénitude de sa fonction. C'est ce que saint Thomas dit admirablement de toutes les parties de l'âme du Christ, à propos de sa sensibilité à la douleur pendant la crucifixion.

La fonction propre de l'intelligence exige une liberté totale, impliquant le droit de tout nier, et aucune domination. Partout où elle usurpe un commandement, il y a un excès d'individualisme. Partout où elle est mal à l'aise, il y a une collectivité oppressive, ou plusieurs.

L'Église et l'État doivent la punir, chacun à sa manière propre, quand elle conseille des actes qu'ils désapprouvent. Quand elle reste dans le domaine de la spéculation purement théorique, ils ont encore le devoir, le cas échéant, de mettre le public en garde, par tous les moyens efficaces, contre le danger d'une influence pratique de certaines spéculations dans la conduite de la vie. Mais quelles que soient ces spéculations théoriques, l'Église et l'État n'ont le droit ni de chercher à les étouffer, ni d'infliger à leurs auteurs aucun dommage matériel ou moral. Notamment on ne doit pas les priver des sacrements s'ils les désirent. Car quoi qu'ils aient dit, quand même ils auraient publiquement nié l'existence de Dieu, ils n'ont peut-être commis aucun péché. En pareil cas, l'Église doit déclarer qu'ils sont dans l'erreur, mais non pas exiger d'eux quoi que ce soit qui ressemble à un désaveu de ce qu'ils ont dit, ni les priver du Pain de vie.

Une collectivité est gardienne du dogme ; et le dogme est un objet de contemplation pour l'amour, la foi et l'intelligence, trois facultés strictement individuelles. D'où un malaise de l'individu dans le christianisme, presque depuis l'origine, et notamment un malaise de l'intelligence. On ne peut le nier.

Le Christ lui-même, qui est la Vérité elle-même, s'il parlait devant une assemblée, telle qu'un concile, ne lui tiendrait pas le langage qu'il tenait en tête-à-tête à son ami bien-aimé, et sans doute en confrontant des phrases on pourrait avec vraisemblance l'accuser de contradiction et de mensonge. Car par une de ces lois de la nature que Dieu lui-même respecte, du fait qu'il les veut de toute éternité, il y a deux langages tout à fait distincts, quoique composés des mêmes mots, le langage collectif et le langage individuel. Le Consolateur que le Christ nous envoie, l'Esprit de vérité, parle selon l'occasion l'un ou l'autre langage, et par nécessité de nature il n'y a pas concordance.

Quand d'authentiques amis de Dieu – tel que fut à mon sentiment maître Eckart – répètent des paroles qu'ils ont entendues dans le secret, parmi le silence, pendant l'union d'amour, et qu'elles sont en désaccord avec l'enseignement de l'Église, c'est simplement que le langage de la place publique n'est pas celui de la chambre nuptiale.

Tout le monde sait qu'il n'y a de conversation vraiment intime qu'à deux ou trois. Déjà si l'on est cinq ou six le langage collectif commence à dominer. C'est pourquoi, quand on applique à l'Église la parole « Partout où deux ou trois d'entre vous seront réunis en mon nom, je serai au milieu d'eux », on commet un complet contresens. Le Christ n'a pas dit deux cents, ou cinquante, ou dix. Il a dit deux ou trois. Il a dit exactement qu'il est toujours en tiers dans l'intimité d'une amitié chrétienne, l'intimité du tête-à-tête.

Le Christ a fait des promesses à l'Église, mais aucune de ces promesses n'a la force de l'expression : « Votre Père qui est dans le secret. » La parole de Dieu est la parole secrète. Celui qui n'a pas entendu cette parole, même s'il adhère à tous les dogmes enseignés par l'Église, est sans contact avec la vérité.

La fonction de l'Église comme conservatrice collective du dogme est indispensable. Elle a le droit et le devoir de punir de la privation des sacrements quiconque l'attaque expressément dans le domaine spécifique de cette fonction.

Ainsi, quoique j'ignore presque tout de cette affaire, j'incline à croire, provisoirement, qu'elle a eu raison de punir Luther.

Mais elle commet un abus de pouvoir quand elle prétend contraindre l'amour et l'intelligence à prendre son langage pour norme. Cet abus de pouvoir ne procède pas de Dieu. Il vient de la tendance naturelle de toute collectivité, sans exception, aux abus de pouvoir.

L'image du Corps mystique du Christ est très séduisante. Mais je regarde l'importance qu'on accorde aujourd'hui à cette image comme un des signes les plus graves de notre déchéance. Car notre vraie dignité n'est pas d'être des parties d'un corps, fût-il mystique, fût-il celui du Christ. Elle consiste en ceci, que dans l'état de perfection, qui est la vocation de chacun de nous, nous ne vivons plus en nous-mêmes, mais le Christ vit en nous ; de sorte que par cet état le Christ dans son intégrité, dans son unité indivisible, devient en un sens chacun de nous comme il est tout entier dans chaque hostie. Les hosties ne sont pas des parties de son corps.

Cette importance actuelle de l'image du Corps mystique montre combien les chrétiens sont misérablement pénétrables aux influences du dehors. Certainement il y a une vive ivresse à être membre du Corps mystique du Christ. Mais aujourd'hui beaucoup d'autres corps mystiques, qui n'ont pas pour tête le Christ, procurent à leurs membres des ivresses à mon avis de même nature.

Il m'est doux, aussi longtemps que c'est par obéissance, d'être privée de la joie de faire partie du Corps mystique du Christ. Car si Dieu veut bien m'aider je témoignerai que sans cette joie on peut néanmoins être fidèle au Christ jusqu'à la mort. Les sentiments sociaux ont aujourd'hui une telle emprise, ils élèvent si bien jusqu'au degré suprême de l'héroïsme dans la souffrance et dans la mort que je crois bon que quelques brebis demeurent hors du bercail pour témoigner que l'amour du Christ est essentiellement tout autre chose.

L'Église aujourd'hui défend la cause des droits imprescriptibles de l'individu contre l'oppression collective, de la liberté de penser contre la tyrannie. Mais ce sont des causes qu'embrassent volontiers ceux qui se trouvent momentanément ne pas être les plus forts. C'est leur unique moyen de redevenir peut-être un jour les plus forts. Cela est bien connu.

Cette idée vous offensera peut-être. Mais vous auriez tort. Vous n'êtes pas l'Église. Aux périodes des plus atroces abus de pouvoir commis par l'Église, il devait y avoir dans le nombre des prêtres tels que vous. Votre bonne foi n'est pas une garantie, vous fût-elle commune avec tout votre Ordre. Vous ne pouvez pas prévoir comment les choses tourneront.

Pour que l'attitude actuelle de l'Église soit efficace et pénètre vraiment, comme un coin, dans l'existence sociale, il faudrait qu'elle dise ouvertement qu'elle a changé ou veut changer, Autrement, qui pourrait la prendre au sérieux, en se souvenant de l'Inquisition ? Excusez-moi de parler de l'Inquisition ; c'est une évocation que mon amitié pour vous, qui à travers vous s'étend à votre ordre, rend pour moi très douloureuse. Mais elle a existé. Après la chute de l'Empire romain, qui était totalitaire, c'est l'Église qui la première a établi en Europe, au XIIIe siècle, après la guerre des Albigeois, une ébauche de totalitarisme. Cet arbre a porté beaucoup de fruits.

Et le ressort de ce totalitarisme, c'est l'usage de ces deux petits mots : *anathema sit*.

C'est d'ailleurs par une judicieuse transposition de cet usage qu'ont été forgés tous les partis qui de nos jours ont fondé des régimes totalitaires. C'est un point d'histoire que j'ai particulièrement étudié.

Je dois vous donner l'impression d'un orgueil luciférien en parlant ainsi de beaucoup de choses qui sont trop élevées pour moi et auxquelles je n'ai pas le droit de rien comprendre. Ce n'est pas ma faute. Des idées viennent se poser en moi par erreur, puis, reconnaissant leur erreur, veulent absolument sortir. Je ne sais pas d'où elles viennent ni ce qu'elles valent, mais à tout hasard je ne me crois pas le droit d'empêcher cette opération.

Adieu. Je vous souhaite tous les biens possibles, sauf la croix ; car je n'aime pas mon prochain comme moi-même, vous particulièrement, comme vous vous en êtes aperçu. Mais le Christ a accordé à son ami bien-aimé, et sans doute à tous ceux de sa lignée spirituelle, de venir jusqu'à lui non pas à travers la dégradation, la souillure et la détresse, mais dans une joie, une pureté et une douceur ininterrompues. C'est pourquoi je peux me permettre de souhaiter que même si vous avez un jour l'honneur de mourir pour le Seigneur d'une mort violente, ce soit dans la joie et sans aucune angoisse ; et que seules trois des béatitudes (*mites, mundo corde, pacifici*) s'appliquent à vous. Toutes les autres enferment plus ou moins des souffrances.

Ce vœu n'est pas dû seulement à la faiblesse de l'amitié humaine. Pour n'importe quel être humain pris en particulier, je trouve toujours des raisons de conclure que le malheur ne lui convient pas, soit qu'il me paraisse trop médiocre pour une chose si grande, ou au contraire trop précieux pour être détruit. On ne peut manquer plus gravement au second des deux commandements essentiels. Et quant au premier, j'y manque d'une manière encore bien plus horrible, car toutes les fois que je pense à la crucifixion du Christ, je commets le péché d'envie.

Croyez, plus que jamais et pour toujours, à mon amitié filiale et tendrement reconnaissante.

Simone Weil

5.

Sa vocation intellectuelle

De Casablanca

Chère S.,

Je vous envoie quatre choses.

D'abord une lettre personnelle pour le P. Perrin. Elle est fort longue et ne contient rien qui ne puisse attendre indéfiniment. Ne la lui envoyez pas ; donnez-la-lui quand vous le verrez, et dites-lui de n'en prendre connaissance qu'un jour où il aura du loisir et de la liberté d'esprit.

Deuxièmement (sous enveloppe fermée, pour plus de commodité, mais vous l'ouvrirez, ainsi que les deux autres) le commentaire des textes pythagoriciens, que je n'avais pas eu le temps de finir, à joindre au travail que je vous avais laissé en partant. Ce sera facile, car c'est numéroté. C'est horriblement mal rédigé et mal composé, certainement très difficile à suivre en cas de lecture à haute voix, et beaucoup trop long pour être transcrit. Mais je ne peux que l'envoyer tel quel.

Dites au P. Perrin que finalement, comme je le

lui avais dit d'abord, je désire que tout l'ensemble de ce travail soit confié en fin de compte à la garde de Thibon et joint à mes cahiers. Mais que le P. Perrin le conserve aussi longtemps qu'il pensera pouvoir peut-être encore en extraire une goutte de jus à son propre usage. Qu'il le fasse voir aussi à qui il jugera bon. Je lui lègue cela en toute propriété, sans réserve. J'ai peur seulement que sauf les textes grecs eux-mêmes ce soit un présent de valeur nulle. Mais je n'ai rien d'autre.

Troisièmement, j'ai mis encore la copie d'une traduction d'un fragment de Sophocle que j'ai trouvée parmi mes papiers. C'est le dialogue entier d'Électre et d'Oreste, dont j'avais transcrit seulement quelques vers dans le travail que vous avez. En le copiant, chaque mot a eu au centre même de mon être une résonance si profonde et si secrète que l'interprétation assimilant Électre à l'âme humaine et Oreste au Christ est presque aussi sûre pour moi que si j'avais moi-même écrit ces vers. Dites cela aussi au P. Perrin. En lisant ce texte il comprendra.

Lisez-lui aussi ce que voici ; j'espère du fond du cœur que cela ne lui fera pas de peine.

En achevant le travail sur les pythagoriciens, j'ai senti d'une manière, autant qu'un être humain a le droit d'employer ces deux mots, définitive et certaine que ma vocation m'impose de rester hors de l'Église, et même sans aucune espèce d'engagement même implicite envers elle ni envers le dogme chrétien ; en tout cas aussi longtemps que je ne serai pas tout à fait incapable de travail intellectuel. Et cela pour le service de Dieu et de la foi chrétienne dans le domaine de l'intelligence. Le degré de probité intellectuelle qui est obligatoire pour moi, en raison de ma vocation propre, exige que ma pensée soit indifférente à toutes les idées sans exception, y compris par exemple le matérialisme et l'athéisme ; également accueillante et également réservée à l'égard de toutes. Ainsi l'eau est indifférente aux objets qui y tombent ; elle ne les pèse pas ; ce sont eux qui s'y pèsent eux-mêmes après un certain temps d'oscillation.

Je sais bien que je ne suis pas vraiment ainsi, ce serait trop beau ; mais j'ai l'obligation d'être ainsi ; et je ne pourrais aucunement être ainsi si j'étais dans l'Église. Dans mon cas particulier, pour être engendrée à partir de l'eau et de l'esprit, je dois m'abstenir de l'eau visible.

Ce n'est pas que je me sente des capacités de création intellectuelle. Mais je sens des obligations qui ont rapport à une telle création. Ce n'est pas ma faute. Je ne peux pas m'en empêcher. Personne autre que moi ne peut apprécier ces obligations. Les conditions de la création intellectuelle ou artistique sont chose tellement intime et secrète que nul ne peut y pénétrer du dehors. Je sais que les artistes excusent ainsi leurs mauvaises actions. Mais il s'agit de tout autre chose pour moi.

Cette indifférence de la pensée au niveau de l'intelligence n'est aucunement incompatible avec l'amour de Dieu, et même avec un vœu d'amour intérieurement renouvelé à chaque seconde de chaque journée, chaque fois éternel et chaque fois entièrement intact et nouveau. Je serais ainsi si j'étais ce que je dois être.

Cela semble une position d'équilibre instable, mais la fidélité dont j'espère que Dieu ne me refusera pas la grâce, permet d'y demeurer indéfiniment sans bouger, ἐν ὑπομονῃ (*en hupomonè*).

C'est pour le service du Christ en tant qu'il est la Vérité que je me prive d'avoir part à sa chair de la manière qu'il a instituée. Il m'en prive, plus exactement, car jamais je n'ai eu jusqu'ici même une seconde l'impression d'avoir le choix. Je suis aussi certaine qu'un être humain a le droit de l'être que je suis ainsi privée pour toute ma vie ; sauf peut-être – seulement peut-être – au cas où les circonstances m'ôteraient définitivement et totalement la possibilité du travail intellectuel.

Si cela doit faire de la peine au P. Perrin, je peux seulement souhaiter qu'il m'oublie rapidement ; car j'aimerais infiniment mieux n'avoir aucune part en ses pensées que d'être cause pour lui du moindre chagrin. Sauf pourtant au cas où il pourrait en tirer un bien.

Pour revenir à ma liste, je vous envoie aussi le papier sur l'usage spirituel des études scolaires que j'avais emporté par erreur. Il est aussi pour le P. P., en raison de ses rapports indirects avec les jécistes de Montpellier. Au reste, qu'il en fasse tout ce qu'il voudra.

Laissez-moi vous remercier encore du fond du cœur pour votre gentillesse à mon égard. Je penserai souvent à vous. J'espère que nous pourrons avoir de temps en temps des nouvelles l'une de l'autre ; mais ce n'est pas sûr.

Amicalement,

Simone Weil

6.

Dernières pensées

26 mai 1942 (de Casablanca)

Mon Père,

C'était un acte de bonté de votre part de m'avoir quand même écrit. Il m'a été précieux d'avoir quelques mots affectueux de vous au moment du départ.

Vous m'avez cité des paroles de saint Paul splendides. Mais j'espère qu'en vous avouant ma misère je ne vous avais pas donné l'impression de méconnaître la miséricorde de Dieu. J'espère que je ne suis jamais tombée, que je ne tomberai jamais à ce degré de lâcheté et d'ingratitude. Je n'ai besoin d'aucune espérance, d'aucune promesse pour croire que Dieu est riche en miséricorde. Je connais cette richesse avec la certitude de l'expérience, je l'ai touchée. Ce que j'en connais par contact dépasse tellement ma capacité de compréhension et de gratitude que même la promesse de félicités futures ne pourrait rien y ajouter pour moi ; de même que pour l'intelligence humaine l'addition de deux infinis n'est pas une addition.

La miséricorde de Dieu est manifeste dans le malheur comme dans la joie, au même titre, plus encore peut-être, parce que sous cette forme elle n'a aucun analogue humain. La miséricorde de l'homme n'apparaît que dans le don de la joie ou bien dans l'infliction d'une douleur en vue d'effets extérieurs, guérison du corps ou éducation. Mais ce ne sont pas les effets extérieurs du malheur qui témoignent de la miséricorde divine. Les effets extérieurs du vrai malheur sont presque toujours mauvais. Quand on veut le dissimuler, on ment. C'est dans le malheur lui-même que resplendit la miséricorde de Dieu. Tout au fond, au centre de son amertume inconsolable. Si on tombe en persévérant dans l'amour jusqu'au point où l'âme ne peut plus retenir le cri « Mon Dieu, pourquoi m'as-tu abandonné », si on demeure en ce point sans cesser d'aimer, on finit par toucher quelque chose qui n'est plus le malheur, qui n'est pas la joie, qui est l'essence centrale, essentielle, pure, non sensible, commune à la joie et à la souffrance, et qui est l'amour même de Dieu.

On sait alors que la joie est la douceur du contact avec l'amour de Dieu, que le malheur est la blessure de ce même contact quand il est douloureux, et que le contact lui-même importe seul, non pas la modalité.

De même, si on revoit un être très cher après une longue absence, les mots qu'on échange avec lui n'importent pas, mais seulement le son de sa voix qui nous assure de sa présence.

La connaissance de cette présence de Dieu ne console pas, n'ôte rien à l'affreuse amertume du malheur, ne guérit pas la mutilation de l'âme. Mais on sait d'une manière certaine que l'amour de Dieu pour nous est la substance même de cette amertume et de cette mutilation.

Je voudrais, par gratitude, être capable d'en laisser le témoignage.

Le poète de l'*Iliade* a suffisamment aimé Dieu pour avoir cette capacité. Car c'est là la signification implicite du poème et l'unique source de sa beauté. Mais on ne l'a guère compris.

Quand même il n'y aurait rien de plus pour nous que la vie d'ici-bas, quand même l'instant de la mort ne nous apporterait rien de nouveau, la surabondance infinie de la miséricorde divine est déjà secrètement présente ici-bas tout entière.

Si, par une hypothèse absurde, je mourais sans jamais avoir commis de fautes graves et tombais néanmoins à ma mort au fond de l'enfer, je devrais quand même à Dieu une gratitude infinie pour son infinie miséricorde à cause de ma vie terrestre, et cela quoique je sois un objet si mal réussi. Même dans cette hypothèse je penserais quand même avoir reçu toute ma part dans la richesse de la miséricorde divine. Car dès ici-bas nous recevons la capacité d'aimer Dieu et de nous le représenter en toute certitude comme ayant pour substance la joie réelle, éternelle. parfaite et infinie. À travers les voiles de la chair nous recevons d'en haut des pressentiments d'éternité suffisants pour effacer à ce sujet tous les doutes.

Que demander, que désirer de plus ? Une mère, une amante, ayant la certitude que son fils, que son amant est dans la joie, n'aurait pas en son cœur une pensée capable de demander ou désirer autre chose. Nous avons bien davantage. Ce que nous aimons est la joie parfaite elle-même. Quand on le sait, l'espérance même devient inutile, elle n'a plus de sens. La seule chose qui reste à espérer, c'est la grâce de ne pas désobéir ici-bas. Le reste n'est l'affaire que de Dieu et ne nous regarde pas.

C'est pourquoi, bien que mon imagination, mutilée par une souffrance trop longue et ininterrompue, ne puisse pas recevoir la pensée du salut en tant que chose possible pour moi, il ne me manque rien. Ce que vous me dites à ce sujet ne peut avoir d'autre effet sur moi que de me persuader que vous avez vraiment pour moi quelque amitié. À cet égard votre lettre m'a été très précieuse. Elle n'a pu opérer autre chose en moi. Mais ce n'était pas nécessaire.

Je connais assez ma misérable faiblesse pour supposer qu'un peu de fortune contraire suffirait peut-être à emplir mon âme de souffrances au point de n'y laisser pendant longtemps aucune place pour les pensées que je viens de vous exprimer. Mais cela même importe peu. La certitude n'est pas soumise aux états d'âme. La certitude est toujours en parfaite sécurité.

Il y a seulement une occasion où je ne sais vraiment plus rien de cette certitude. C'est le contact avec le malheur d'autrui. Les indifférents et les inconnus aussi bien, peut-être même davantage, y compris ceux des siècles passés les plus lointains. Ce contact me fait si atrocement mal, me déchire tellement l'âme de part en part, que l'amour de Dieu m'en devient quelque temps presque impossible. Il s'en faut de bien peu que je ne dise impossible. Au point que cela m'inquiète pour moi. Je me rassure un peu en me souvenant que le Christ a pleuré en prévoyant les horreurs du sac de Jérusalem. J'espère qu'il pardonne à la compassion.

Vous m'avez fait mal en m'écrivant que le jour de mon baptême serait pour vous une grande joie. Après avoir tant reçu de vous, il est ainsi en mon pouvoir de vous causer une joie ; et pourtant il ne me vient pas même une seconde la pensée de le faire. Je n'y peux rien. Je crois vraiment qu'il n'y a que Dieu qui ait sur moi le pouvoir de m'empêcher de vous causer de la joie.

Même à ne considérer que le plan des relations purement humaines, je vous dois une gratitude infinie. Je crois qu'excepté vous, tous les êtres humains à qui il m'est jamais arrivé de donner, par mon amitié, le pouvoir de me faire facilement de la peine se sont parfois amusés à m'en faire, fréquemment ou rarement, consciemment ou inconsciemment, mais tous quelquefois. Là où je reconnaissais que c'était conscient, je prenais un couteau et je coupais l'amitié, sans d'ailleurs prévenir l'intéressé.

Ils ne se conduisaient pas ainsi par méchanceté, mais par l'effet du phénomène bien connu qui pousse les poules, quand elles voient une poule blessée parmi elles, à se jeter dessus à coups de bec.

Tous les hommes portent en eux cette nature animale. Elle détermine leur attitude à l'égard de leurs semblables avec ou sans leur connaissance et leur adhésion. Ainsi parfois sans que la pensée se rende compte de rien la nature animale dans un homme sent la mutilation de la nature animale dans un autre et réagit en conséquence. De même pour toutes les situations possibles et les réactions animales correspondantes. Cette nécessité mécanique tient tous les hommes à tous moments ; ils y échappent seulement à proportion de la place que tient dans leurs âmes le surnaturel authentique.

Le discernement même partiel est très difficile en cette matière. Mais s'il était vraiment complètement possible, on aurait là un critérium de la part du surnaturel dans la vie d'une âme, critérium certain, précis comme une balance, et tout à fait indépendant de toutes croyances religieuses. C'est cela, parmi beaucoup d'autres choses, qu'a indiqué le Christ en disant : « Ces deux commandements sont un seul. »

C'est seulement près de vous que je n'ai jamais été atteinte par le contrecoup de ce mécanisme. Ma situation à votre égard est semblable à celle d'un mendiant, réduit par le dénuement à avoir toujours faim, qui pendant un an serait allé de temps à autre dans une maison prospère chercher du pain, et qui pour la première fois de sa vie n'y aurait pas subi d'humiliations. Un tel mendiant, s'il avait une vie à donner en échange de chaque morceau de pain, et s'il les donnait toutes, penserait que sa dette n'en est pas diminuée.

Mais en plus pour moi le fait qu'avec vous les relations humaines enferment perpétuellement la lumière de Dieu doit porter la gratitude encore à un tout autre degré.

Pourtant je ne vais vous donner aucun témoignage de gratitude, sinon de vous dire à votre sujet des choses qui pourront vous causer une irritation légitime à mon égard. Car il ne me convient aucunement de les dire ni même d'y penser. Je n'en ai pas le droit, et je le sais bien.

Mais comme en fait je les ai pensées je n'ose pas vous les taire. Si elles sont fausses, elles ne feront pas de mal. Il n'est pas impossible qu'elles contiennent de la vérité. En ce cas il y aurait lieu de croire que Dieu vous envoie cette vérité à travers la plume qui se trouve être dans ma main. Il y a des pensées auxquelles il convient d'être envoyées par inspiration, d'autres auxquelles il convient mieux d'être envoyées par l'intermédiaire d'une créature, et Dieu se sert de l'une ou l'autre voie avec ses amis. Il est bien connu que n'importe quelle chose, par exemple une ânesse, peut indifféremment servir d'intermédiaire. Dieu se plaît même peut-être à choisir à cet usage les objets les plus vils. J'ai besoin de me dire ces choses pour n'avoir pas peur de mes propres pensées.

Quand je vous ai mis par écrit une esquisse de mon autobiographie spirituelle, c'était avec une intention. Je voulais vous procurer la possibilité de constater un exemple concret et certain de foi implicite. Certain, car je sais que vous savez que je ne mens pas.

À tort ou à raison, vous pensez que j'ai droit au nom de chrétienne. Je vous affirme que lorsque à propos de mon enfance et de ma jeunesse j'emploie les mots de vocation, obéissance, esprit de pauvreté, pureté, acceptation, amour du prochain, et autres mots semblables, c'est rigoureusement avec la signification qu'ils ont pour moi en ce moment. Pourtant j'ai été élevée par mes parents et mon frère dans un agnosticisme complet ; et je n'ai jamais fait le moindre effort pour en sortir, je n'en ai jamais eu le moindre désir, avec raison à mon avis. Malgré cela, depuis ma naissance, pour ainsi dire, aucune de mes fautes, aucune de mes imperfections n'a vraiment eu pour excuse l'ignorance. Je devrai rendre complètement compte de toutes en ce jour où l'Agneau se mettra en colère.

Vous pouvez croire aussi sur ma parole que la Grèce, l'Égypte, l'Inde antique, la Chine antique, la beauté du monde, les reflets purs et authentiques de cette beauté dans les arts et dans la science, le spectacle des replis du cœur humain dans des cœurs vides de croyance religieuse, toutes ces choses ont fait autant que les choses visiblement chrétiennes pour me livrer captive au Christ. Je crois même pouvoir dire davantage. L'amour de ces choses qui sont hors du christianisme visible me tient hors de l'Église.

Une telle destinée spirituelle doit vous sembler inintelligible. Mais pour cette raison même cela est propre à faire un objet de réflexion. Il est bon de réfléchir à ce qui force à sortir de soi-même. J'ai peine à imaginer comment il se peut que vous ayez vraiment quelque amitié pour moi ; mais puisque apparemment il en est ainsi, elle pourrait avoir cet usage.

Théoriquement vous admettez pleinement la notion de foi implicite. En pratique aussi vous avez une largeur d'esprit et une probité intellectuelle très exceptionnelles. Mais pourtant encore à mon avis très insuffisantes. La perfection seule est suffisante.

J'ai souvent, à tort ou à raison, cru reconnaître en vous des attitudes partiales. Notamment une certaine répugnance à admettre en fait, dans des cas particuliers, la possibilité de la foi implicite. J'en ai du moins eu l'impression en vous parlant de B… et surtout d'un paysan espagnol que je regarde comme n'étant pas très éloigné de la sainteté. Il est vrai que c'était sans doute surtout de ma faute ; ma maladresse est telle que je fais toujours du mal à ce que j'aime en en parlant ; je l'ai éprouvé très souvent. Mais il me semble aussi que lorsqu'on vous parle d'incroyants qui sont dans le malheur et acceptent leur malheur comme une partie de l'ordre du monde, cela ne vous fait pas la même impression que s'il s'agissait de chrétiens et de soumission à la volonté de Dieu. Pourtant c'est la même chose. Du moins si vraiment j'ai droit au nom de chrétienne, je sais par expérience que la vertu stoïcienne et la vertu chrétienne sont une seule et même vertu. La vertu stoïcienne authentique, qui est avant tout amour ; non pas la caricature qu'en ont faite quelques brutes romaines. Théoriquement, il me semble que vous non plus vous ne pourriez pas le nier. Mais vous répugnez à reconnaître en fait, dans des exemples concrets et contemporains, la possibilité d'une efficacité surnaturelle de la vertu stoïcienne.

Vous m'avez fait aussi beaucoup de peine un jour où vous avez employé le mot faux quand vous vouliez dire non orthodoxe. Vous vous êtes repris aussitôt. À mon avis il y a là une confusion de termes, incompatible avec une parfaite probité intellectuelle. Il est impossible que cela plaise au Christ, qui est la Vérité.

Il me semble certain qu'il y a là chez vous une sérieuse imperfection. Et pourquoi y aurait-il en vous de l'imperfection ? Il ne vous convient nullement d'être imparfait. C'est comme une fausse note dans un beau chant.

Cette imperfection, c'est, je crois, l'attachement à l'Église comme à une patrie terrestre. Elle est en fait pour vous, en même temps que le lien avec la patrie céleste, une patrie terrestre. Vous y vivez dans une atmosphère humainement chaleureuse. Cela rend un peu d'attachement presque inévitable.

Cet attachement est peut-être pour vous ce fil presque infiniment mince dont parle saint Jean de la Croix, qui, aussi longtemps qu'il n'est pas rompu, tient l'oiseau à terre aussi efficacement qu'une grosse chaîne de métal. J'imagine que le dernier fil, quoique très mince, doit être le plus difficile à couper, car quand il est coupé il faut s'envoler, et cela fait peur. Mais aussi l'obligation est impérieuse.

Les enfants de Dieu ne doivent avoir aucune autre patrie ici-bas que l'univers lui-même, avec la totalité des créatures raisonnables qu'il a contenues, contient et contiendra. C'est là la cité natale qui a droit à notre amour.

Les choses moins vastes que l'univers, au nombre desquelles est l'Église, imposent des obligations qui peuvent être extrêmement étendues, mais parmi lesquelles ne se trouve pas l'obligation d'aimer. Du moins je le crois. Je suis convaincue aussi qu'il ne s'y trouve aucune obligation qui ait rapport à l'intelligence.

Notre amour doit avoir la même étendue à travers tout l'espace, la même égalité dans toutes les portions de l'espace, que la lumière même du soleil. Le Christ nous a prescrit de parvenir à la perfection de notre Père céleste en imitant cette distribution indiscriminée de la lumière. Notre intelligence aussi doit avoir cette complète impartialité.

Tout ce qui existe est également soutenu dans l'existence par l'amour créateur de Dieu. Les amis de Dieu doivent l'aimer au point de confondre leur amour avec le sien à l'égard des choses d'ici-bas.

Quand une âme est parvenue à un amour qui emplisse également tout l'univers, cet amour devient ce poussin aux ailes d'or qui perce l'œuf du monde. Après cela il aime l'univers non du dedans, mais du dehors, du lieu où siège la Sagesse de Dieu qui est notre frère premier-né. Un tel amour n'aime pas les êtres et les choses en Dieu, mais de chez Dieu. Étant auprès de Dieu il abaisse de là son regard, confondu avec le regard de Dieu, sur tous les êtres et sur toutes les choses.

Il faut être catholique, c'est-à-dire n'être relié par un fil à rien qui soit créé, sinon la totalité de la création. Cette universalité a pu autrefois chez les saints être implicite, même dans leur propre conscience. Ils pouvaient implicitement faire dans leur âme une juste part, d'un côté à l'amour dû seulement à Dieu et à toute sa création, de l'autre aux obligations envers tout ce qui est plus petit que l'univers. Je crois que saint François d'Assise, saint Jean de la Croix ont été ainsi. Aussi furent-ils tous deux poètes.

Il est vrai qu'il faut aimer le prochain, mais, dans l'exemple que donne le Christ comme illustration de ce commandement, le prochain est un être nu et sanglant, évanoui sur la route, et dont on ne sait rien. Il s'agit d'un amour tout à fait anonyme, et par là même tout à fait universel.

Il est vrai aussi que le Christ a dit à ses disciples : « Aimez-vous les uns les autres. » Mais là je crois qu'il s'agit d'amitié, une amitié personnelle entre deux êtres qui doit lier chaque ami de Dieu à chaque autre. L'amitié est la seule exception légitime au devoir d'aimer seulement d'une manière universelle. Encore à mon avis n'est-elle vraiment pure que si elle est pour ainsi dire entourée de toutes parts par une enveloppe compacte d'indifférence qui maintienne une distance.

Nous vivons une époque tout à fait sans précédent, et dans la situation présente l'universalité, qui pouvait autrefois être implicite, doit être maintenant pleinement explicite. Elle doit imprégner le langage et toute la manière d'être.

Aujourd'hui ce n'est rien encore que d'être un

saint, il faut la sainteté que le moment présent exige, une sainteté nouvelle, elle aussi sans précédent.

Maritain l'a dit, mais il a seulement énuméré les aspects de la sainteté d'autrefois qui aujourd'hui sont pour un temps au moins périmés. Il n'a pas senti combien la sainteté d'aujourd'hui doit enfermer en revanche de nouveauté miraculeuse.

Un type nouveau de sainteté, c'est un jaillissement, une invention. Toutes proportions gardées, en maintenant chaque chose à son rang, c'est presque l'analogue d'une révélation nouvelle de l'univers et de la destinée humaine. C'est la mise à nu d'une large portion de vérité et de beauté jusque-là dissimulées par une couche épaisse de poussière. Il y faut plus de génie qu'il n'en a fallu à Archimède pour inventer la mécanique et la physique. Une sainteté nouvelle est une invention plus prodigieuse.

Seule une espèce de perversité peut obliger les amis de Dieu à se priver d'avoir du génie, puisque pour recevoir la surabondance du génie il leur suffit de le demander à leur Père au nom du Christ.

C'est une demande légitime aujourd'hui tout au moins, parce qu'elle est nécessaire. Je crois que, sous cette forme ou sous toute autre équivalente, c'est la première demande à faire maintenant, une demande à faire tous les jours, à toute heure, comme un enfant affamé demande toujours du pain. Le monde a besoin de saints qui aient du génie comme une ville où il y a la peste a besoin de médecins. Là où il y a besoin, il y a obligation.

Je ne peux faire moi-même aucun usage de ces pensées et de toutes celles qui les accompagnent dans mon esprit. D'abord l'imperfection considérable que j'ai la lâcheté de laisser subsister en moi me met à une distance bien trop grande du point où elles sont applicables. Cela est impardonnable de ma part. Une si grande distance, dans le meilleur des cas, ne peut être franchie qu'avec du temps.

Mais quand même je l'aurais déjà franchie, je suis un instrument pourri. Je suis trop épuisée. Et même si je croyais à la possibilité d'obtenir de Dieu la réparation des mutilations de la nature en moi, je ne pourrais me résoudre à la demander. Même si j'étais sûre de l'obtenir, je ne pourrais pas. Une telle demande me semblerait une offense à l'Amour infiniment tendre qui m'a fait le don du malheur.

Si personne ne consent à faire attention aux pensées qui, je ne sais comment, se sont posées dans un être aussi insuffisant que moi, elles seront ensevelies avec moi. Si, comme je crois, elles contiennent de la vérité, ce sera dommage. Je leur porte préjudice. Le fait qu'elles se trouvent être en moi empêche qu'on fasse attention à elles.

Je ne vois que vous dont je puisse implorer l'attention en leur faveur. Votre charité, dont vous m'avez comblée, je voudrais qu'elle se détourne de moi et se dirige vers ce que je porte en moi, et qui vaut, j'aime à le croire, beaucoup mieux que moi.

C'est une grande douleur pour moi de craindre que les pensées qui sont descendues en moi ne soient condamnées à mort par la contagion de mon insuffisance et de ma misère. Je ne lis jamais sans frémir l'histoire du figuier stérile. Je pense qu'il est mon portrait. En lui aussi la nature était impuissante, et pourtant il n'a pas été excusé. Le Christ l'a maudit.

C'est pourquoi, bien qu'il n'y ait peut-être pas dans ma vie de fautes particulières vraiment graves hors celles que je vous ai avouées, je pense, à regarder les choses raisonnablement et froidement, que j'ai plus de cause légitime de craindre la colère de Dieu que beaucoup de grands criminels.

Ce n'est pas que je la craigne en fait. Par un retournement étrange, la pensée de la colère de Dieu ne suscite en moi que de l'amour. C'est la pensée de la faveur possible de Dieu, de sa miséricorde, qui me cause une sorte de crainte, qui me fait trembler.

Mais le sentiment d'être pour le Christ comme un figuier stérile me déchire le cœur.

Heureusement Dieu peut facilement envoyer, non seulement les mêmes pensées, si elles sont bonnes, mais beaucoup d'autres beaucoup meilleures dans un être intact et capable de le servir.

Mais qui sait si celles qui sont en moi ne sont pas au moins partiellement destinées à ce que vous en fassiez quelque usage ? Elles ne peuvent être destinées qu'à quelqu'un qui ait un peu d'amitié pour moi, et d'amitié véritable. Car pour les autres, en quelque sorte, je n'existe pas. Je suis couleur feuille morte, comme certains insectes.

Si dans tout ce que je viens de vous écrire quelque chose vous paraît faux et déplacé sous ma plume, pardonnez-le-moi. Ne soyez pas irrité contre moi.

Je ne sais si, au cours des semaines et des mois qui vont venir, je pourrai vous donner de mes nouvelles ou recevoir des vôtres. Mais cette séparation n'est un mal que pour moi et par suite n'a pas d'importance.

Je ne peux que vous affirmer encore ma gratitude filiale et mon amitié sans limites.

Simone Weil

TEXTES

Réflexions sur le bon usage des études scolaires en vue de l'Amour de Dieu

La clef d'une conception chrétienne des études, c'est que la prière est faite d'attention. C'est l'orientation vers Dieu de toute l'attention dont l'âme est capable. La qualité de l'attention est pour beaucoup dans la qualité de la prière. La chaleur du cœur ne peut pas y suppléer.

Seule la partie la plus haute de l'attention entre en contact avec Dieu, quand la prière est assez intense et pure pour qu'un tel contact s'établisse ; mais toute l'attention est tournée vers Dieu.

Les exercices scolaires développent, bien entendu, une partie moins élevée de l'attention. Néanmoins, ils sont pleinement efficaces pour accroître le pouvoir d'attention qui sera disponible au moment de la prière, à condition qu'on les exécute à cette fin et à cette fin seulement.

Bien qu'aujourd'hui on semble l'ignorer, la formation de la faculté d'attention est le but véritable et presque l'unique intérêt des études. La plupart des exercices scolaires ont aussi un certain intérêt intrinsèque ; mais cet intérêt est secondaire.

Tous les exercices qui font vraiment appel au pouvoir d'attention sont intéressants au même titre et presque également.

Les lycéens, les étudiants qui aiment Dieu ne devraient jamais dire : « Moi, j'aime les mathématiques », « Moi, j'aime le français », « Moi, j'aime le grec ». Ils doivent apprendre à aimer tout cela, parce que tout cela fait croître cette attention qui, orientée vers Dieu, est la substance même de la prière.

N'avoir ni don ni goût naturel pour la géométrie n'empêche pas la recherche d'un problème ou l'étude d'une démonstration de développer l'attention. C'est presque le contraire. C'est presque une circonstance favorable.

Même il importe peu qu'on réussisse à trouver la solution ou à saisir la démonstration, quoiqu'il faille vraiment s'efforcer d'y réussir. Jamais, en aucun cas, aucun effort d'attention véritable n'est perdu. Toujours il est pleinement efficace spirituellement, et par suite aussi, par surcroît, sur le plan inférieur de l'intelligence, car toute lumière spirituelle éclaire l'intelligence.

Si on cherche avec une véritable attention la solution d'un problème de géométrie, et si, au bout d'une heure, on n'est pas plus avancé qu'en commençant, on a néanmoins avancé, durant chaque minute de cette heure, dans une autre dimension plus mystérieuse. Sans qu'on le sente, sans qu'on le sache, cet effort en apparence stérile et sans fruit a mis plus de lumière dans l'âme. Le fruit se retrouvera un jour, plus tard, dans la prière. Il se retrouvera sans doute aussi par surcroît dans un domaine quelconque de l'intelligence, peut-être tout à fait étranger à la mathématique. Peut-être un jour celui qui a donné cet effort inefficace sera-t-il capable de saisir plus directement, à cause de cet effort, la beauté d'un vers de Racine. Mais que le fruit de cet effort doive se retrouver dans la prière, cela est certain, cela ne fait aucun doute.

Les certitudes de cette espèce sont expérimentales. Mais si l'on n'y croit pas avant de les avoir éprouvées, si du moins on ne se conduit pas comme si l'on y croyait, on ne fera jamais l'expérience qui donne accès à de telles certitudes. Il y a là une espèce de contradiction. Il en est ainsi, à partir d'un certain niveau, pour toutes les connaissances utiles au progrès spirituel. Si on ne les adopte pas comme règle de conduite avant de les avoir vérifiées, si on n'y reste pas attaché pendant longtemps seulement par la foi, une foi d'abord ténébreuse et sans lumière, on ne les transformera jamais en certitudes. La foi est la condition indispensable.

Le meilleur soutien de la foi est la garantie que si l'on demande à son Père du pain, il ne donne pas des pierres. En dehors même de toute croyance religieuse explicite, toutes les fois qu'un être humain accomplit un effort d'attention avec le seul désir de devenir plus apte à saisir la vérité, il acquiert cette aptitude plus grande, même si son effort n'a produit aucun fruit visible. Un conte esquimau explique ainsi l'origine de la lumière : « Le corbeau qui dans la nuit éternelle ne pouvait pas trouver de nourriture, désira la lumière, et la terre s'éclaira. » S'il y a vraiment désir, si l'objet du désir est vraiment la lumière, le désir de lumière produit la lumière. Il y a vraiment désir quand il y a effort d'attention. C'est vraiment la lumière qui est désirée si tout autre mobile est absent. Quand même les efforts d'attention resteraient en apparence stériles pendant des années, un jour une lumière exactement proportionnelle à ces efforts inondera l'âme. Chaque effort ajoute un peu d'or à un trésor que rien au monde ne peut ravir. Les efforts inutiles accomplis par le curé d'Ars, pendant de longues et douloureuses années, pour apprendre le latin, ont porté tous leurs fruits dans le discernement merveilleux par lequel il apercevait l'âme même des pénitents derrière leurs paroles et même derrière leur silence.

Il faut donc étudier sans aucun désir d'obtenir de bonnes notes, de réussir aux examens, d'obtenir aucun résultat scolaire, sans aucun égard aux goûts ni aux aptitudes naturelles, en s'appliquant pareillement à tous les exercices, dans la pensée qu'ils servent tous à former cette attention qui est la substance de la prière. Au moment où on s'applique à un exercice, il faut vouloir l'accomplir correctement ; parce que cette volonté est indispensable pour qu'il y ait vraiment effort. Mais à travers ce but immédiat l'intention profonde doit être dirigée uniquement vers l'accroissement du pouvoir d'attention en vue de la prière, comme lorsqu'on écrit on dessine la forme des lettres sur le papier, non pas en vue de cette forme, mais en vue de l'idée à exprimer.

Mettre dans les études cette intention seule à l'exclusion de toute autre est la première condition de leur bon usage spirituel. La seconde condition est de s'astreindre rigoureusement à regarder en face, à contempler avec attention, pendant longtemps, chaque exercice scolaire manqué, dans toute la laideur de sa médiocrité, sans se chercher aucune excuse, sans négliger aucune faute ni aucune correction du professeur, et en essayant de remonter à l'origine de chaque faute. La tentation est grande de faire le contraire, de glisser sur l'exercice corrigé, s'il est mauvais, un regard oblique, et de le cacher aussitôt. Presque tous font presque toujours ainsi. Il faut refuser cette tentation. Incidemment et par surcroît, rien n'est plus nécessaire au succès scolaire, car on travaille sans beaucoup progresser, quelque effort que l'on fasse, quand on répugne à accorder son attention aux fautes commises et aux corrections des professeurs.

Surtout la vertu d'humilité, trésor infiniment plus précieux que tout progrès scolaire, peut être acquise ainsi. À cet égard la contemplation de sa propre bêtise est plus utile peut-être même que celle du péché. La conscience du péché donne le sentiment qu'on est mauvais, et un certain orgueil y trouve parfois son compte. Quand on se contraint par violence à fixer le regard des yeux et celui de l'âme sur un exercice scolaire bêtement manqué, on sent avec une évidence irrésistible qu'on est quelque chose de médiocre. Il n'y a pas de connaissance plus désirable. Si l'on parvient à connaître cette vérité avec toute l'âme, on est établi solidement dans la véritable voie.

Si ces deux conditions sont parfaitement bien

remplies, les études scolaires sont sans doute un chemin vers la sainteté aussi bon que tout autre.

Pour remplir la seconde il suffit de le vouloir. Il n'en est pas de même de la première. Pour faire vraiment attention, il faut savoir comment s'y prendre.

Le plus souvent on confond avec l'attention une espèce d'effort musculaire. Si on dit à des élèves : « Maintenant vous allez faire attention », on les voit froncer les sourcils, retenir la respiration, contracter les muscles. Si après deux minutes on leur demande à quoi ils font attention, ils ne peuvent pas répondre. Ils n'ont fait attention à rien. Ils n'ont pas fait attention. Ils ont contracté leurs muscles.

On dépense souvent ce genre d'effort musculaire dans les études. Comme il finit par fatiguer, on a l'impression qu'on a travaillé. C'est une illusion. La fatigue n'a aucun rapport avec le travail. Le travail est l'effort utile, qu'il soit fatigant ou non. Cette espèce d'effort musculaire dans l'étude est tout à fait stérile, même accompli avec bonne intention. Cette bonne intention est alors de celles qui pavent l'enfer. Des études ainsi menées peuvent quelquefois être bonnes scolairement, du point de vue des notes et des examens, mais c'est malgré l'effort et grâce aux dons naturels ; et de telles études sont toujours inutiles.

La volonté, celle qui au besoin fait serrer les dents et supporter la souffrance, est l'arme principale de l'apprenti dans le travail manuel. Mais contrairement à ce que l'on croit d'ordinaire, elle n'a presque aucune place dans l'étude. L'intelligence ne peut être menée que par le désir. Pour qu'il y ait désir, il faut qu'il y ait plaisir et joie. L'intelligence ne grandit et ne porte de fruits que dans la joie. La joie d'apprendre est aussi indispensable aux études que la respiration aux coureurs. Là où elle est absente, il n'y a pas d'étudiants, mais de pauvres caricatures d'apprentis qui au bout de leur apprentissage n'auront même pas de métier.

C'est ce rôle du désir dans l'étude qui permet d'en faire une préparation à la vie spirituelle. Car le désir, orienté vers Dieu, est la seule force capable de faire monter l'âme. Ou plutôt c'est Dieu seul qui vient saisir l'âme et la lève, mais le désir seul oblige Dieu à descendre. Il ne vient qu'à ceux qui lui demandent de venir ; et ceux qui demandent souvent, longtemps, ardemment, Il ne peut pas s'empêcher de descendre vers eux.

L'attention est un effort, le plus grand dcs cfforts peut-être, mais c'est un effort négatif. Par lui-même il ne comporte pas la fatigue. Quand la fatigue se fait sentir, l'attention n'est presque plus possible, à moins qu'on soit déjà bien exercé ; il vaut mieux alors s'abandonner, chercher une détente, puis un peu plus tard recommencer, se déprendre et se reprendre comme on inspire et expire.

Vingt minutes d'attention intense et sans fatigue valent infiniment mieux que trois heures de cette application aux sourcils froncés qui fait dire avec le sentiment du devoir accompli : « J'ai bien travaillé. »

Mais, malgré l'apparence, c'est aussi beaucoup plus difficile. Il y a quelque chose dans notre âme qui répugne à la véritable attention beaucoup plus violemment que la chair ne répugne à la fatigue. Ce quelque chose est beaucoup plus proche du mal que la chair. C'est pourquoi, toutes les fois qu'on fait vraiment attention, on détruit du mal en soi. Si on fait attention avec cette intention, un quart d'heure d'attention vaut beaucoup de bonnes œuvres.

L'attention consiste à suspendre sa pensée, à la laisser disponible, vide et pénétrable à l'objet, à maintenir en soi-même à proximité de la pensée, mais à un niveau inférieur et sans contact avec elle, les diverses connaissances acquises qu'on est forcé d'utiliser. La pensée doit être, à toutes les pensées particulières et déjà formées, comme un homme sur une montagne qui, regardant devant lui, aperçoit en même temps sous lui, mais sans les regarder, beaucoup de forêts et de plaines. Et surtout la pensée doit être vide, en attente, ne rien chercher, mais être prête à recevoir dans sa vérité nue l'objet qui va y pénétrer.

Tous les contresens dans les versions, toutes les absurdités dans la solution des problèmes de géométrie, toutes les gaucheries du style et toutes les défectuosités de l'enchaînement des idées dans les devoirs de français, tout cela vient de ce que la pensée s'est précipitée hâtivement sur quelque chose, et étant ainsi prématurément remplie n'a plus été disponible pour la vérité. La cause est toujours qu'on a voulu être actif ; on a voulu chercher. On peut vérifier cela à chaque fois, pour chaque faute, si l'on remonte à la racine. Il n'y a pas de meilleur exercice que cette vérification. Car cette vérité est de celles auxquelles on ne peut croire qu'en les éprouvant cent et mille fois. Il en est ainsi de toutes les vérités essentielles.

Les biens les plus précieux ne doivent pas être cherchés, mais attendus. Car l'homme ne peut pas les trouver par ses propres forces, et s'il se met à leur recherche, il trouvera à la place des faux biens dont il ne saura pas discerner la fausseté.

La solution d'un problème de géométrie n'est pas en elle-même un bien précieux, mais la même loi s'applique aussi à elle, car elle est l'image d'un bien précieux. Étant un petit fragment de vérité particulière, elle est une image pure de la Vérité unique, éternelle et vivante, cette Vérité qui a dit un jour d'une voix humaine : « Je suis la vérité. »

Pensé ainsi, tout exercice scolaire ressemble à un sacrement.

Il y a pour chaque exercice scolaire une manière spécifique d'attendre la vérité avec désir et sans se permettre de la chercher. Une manière de faire attention aux données d'un problème de géométrie sans en chercher la solution, aux mots d'un texte latin ou grec sans en chercher le sens, d'attendre, quand on écrit, que le mot juste vienne de lui-même se placer sous la plume en repoussant seulement les mots insuffisants.

Le premier devoir envers les écoliers et les étudiants est de leur faire connaître cette méthode, non pas seulement en général, mais dans la forme particulière qui se rapporte à chaque exercice. C'est le devoir, non seulement de leurs professeurs, mais aussi de leurs guides spirituels. Et ceux-ci doivent en plus mettre en pleine lumière, dans une lumière éclatante, l'analogie entre l'attitude de l'intelligence dans chacun de ces exercices et la situation de l'âme qui, la lampe bien garnie d'huile, attend son époux avec confiance et désir. Que chaque adolescent aimant, pendant qu'il fait une version latine, souhaite devenir par cette version un peu plus proche de l'instant où il sera vraiment cet esclave qui, pendant que son maître est à une fête, veille et écoute près de la porte pour ouvrir dès qu'on frappe. Le maître alors installe l'esclave à table et lui sert lui-même à manger.

C'est seulement cette attente, cette attention qui peuvent obliger le maître à un tel excès de tendresse. Quand l'esclave s'est épuisé de fatigue aux champs, le maître à son retour, lui dit : « Prépare mon repas et sers-moi. » Et il le traite d'esclave inutile qui fait seulement ce qui lui est commandé. Certes il faut faire dans le domaine de l'action tout ce qui est commandé, au prix de n'importe quel degré d'effort, de fatigue et de souffrance, car celui qui désobéit n'aime pas. Mais après cela on n'est qu'un esclave inutile. C'est une condition de l'amour, mais elle ne suffit pas. Ce qui force le maître à se faire l'esclave de son esclave, à l'aimer, ce n'est rien de tout cela ; c'est encore moins une recherche que l'esclave aurait la témérité d'entreprendre de sa propre initiative ; c'est uniquement la veille, l'attente et l'attention.

Heureux donc ceux qui passent leur adolescence et leur jeunesse seulement à former ce pouvoir d'attention. Sans doute ils ne sont pas plus proches du bien que leurs frères qui travaillent dans les champs et les usines. Ils sont proches autrement. Les paysans, les ouvriers possèdent cette proximité de Dieu, d'une saveur incomparable, qui gît au fond de la pauvreté, de l'absence de considération sociale, et des souffrances longues et lentes. Mais si on considère les occupations en elles-mêmes, les études sont plus proches de Dieu, à cause de cette attention qui en est l'âme. Celui qui traverse les années d'études sans développer en soi cette attention a perdu un grand trésor.

Ce n'est pas seulement l'amour de Dieu qui a pour substance l'attention. L'amour du prochain, dont nous savons que c'est le même amour, est fait de la même substance. Les malheureux n'ont pas besoin d'autre chose en ce monde que d'hommes capables de faire attention à eux. La capacité de faire attention à un malheureux est chose très rare, très difficile ; c'est presque un miracle ; c'est un miracle. Presque tous ceux qui croient avoir cette capacité ne l'ont pas. La chaleur, l'élan du cœur, la pitié n'y suffisent pas.

Dans la première légende du Graal, il est dit que le Graal, pierre miraculeuse qui par la vertu de l'hostie consacrée rassasie toute faim, appartient à quiconque dira le premier au gardien de la pierre, roi aux trois quarts paralysé par la plus douloureuse blessure : « Quel est ton tourment ? »

La plénitude de l'amour du prochain, c'est simplement d'être capable de lui demander : « Quel est ton tourment ? » C'est savoir que le malheureux existe, non pas comme unité dans une collection, non pas comme un exemplaire de la catégorie sociale étiquetée « malheureux », mais en tant qu'homme, exactement semblable à nous, qui a été un jour frappé et marqué d'une marque inimitable par le malheur. Pour cela il est suffisant, mais indispensable, de savoir poser sur lui un certain regard.

Ce regard est d'abord un regard attentif, où l'âme se vide de tout contenu propre pour recevoir en elle-même l'être qu'elle regarde tel qu'il est, dans toute sa vérité. Seul en est capable celui qui est capable d'attention.

Ainsi il est vrai, quoique paradoxal, qu'une version latine, un problème de géométrie, même si on les a manqués, pourvu seulement qu'on leur ait accordé l'espèce d'effort qui convient, peuvent rendre mieux capable un jour, plus tard, si l'occasion s'en présente, de porter à un malheureux, à l'instant de sa suprême détresse, exactement le secours susceptible de le sauver.

Pour un adolescent capable de saisir cette vérité, et assez généreux pour désirer ce fruit de préférence à tout autre, les études auraient la plénitude de leur efficacité spirituelle en dehors même de toute croyance religieuse.

Les études scolaires sont un de ces champs qui enferment une perle pour laquelle cela vaut la peine de vendre tous ses biens, sans rien garder à soi, afin de pouvoir l'acheter.

L'Amour de Dieu et le malheur

Dans le domaine de la souffrance, le malheur est une chose à part, spécifique, irréductible. Il est tout autre chose que la simple souffrance. Il s'empare de l'âme et la marque, jusqu'au fond, d'une marque qui n'appartient qu'à lui, la marque de l'esclavage. L'esclavage tel qu'il était pratiqué dans la Rome antique est seulement la forme extrême du malheur. Les anciens, qui connaissaient bien la question, disaient : « Un homme perd la moitié de son âme le jour où il devient esclave. »

Le malheur est inséparable de la souffrance physique, et pourtant tout à fait distinct. Dans la souffrance, tout ce qui n'est pas lié à la douleur physique ou à quelque chose d'analogue est artificiel, imaginaire, et peut être anéanti par une disposition convenable de la pensée. Même dans l'absence ou la mort d'un être aimé, la part irréductible du chagrin est quelque chose comme une douleur physique, une difficulté à respirer, un étau autour du cœur, ou un besoin inassouvi, une faim, ou le désordre presque biologique causé par la libération brutale d'une énergie jusque-là orientée par un attachement et qui n'est plus dirigée. Un chagrin qui n'est pas ramassé autour d'un tel noyau irréductible est simplement du romantisme, de la littérature. L'humiliation aussi est un état violent de tout l'être corporel, qui veut bondir sous l'outrage, mais doit se retenir, contraint par l'impuissance ou la peur.

En revanche une douleur seulement physique est très peu de chose et ne laisse aucune trace dans l'âme. Le mal aux dents en est un exemple. Quelques heures de douleur violente causée par une dent gâtée, une fois passées, ne sont plus rien.

Il en est autrement d'une souffrance physique très longue ou très fréquente. Mais une telle souffrance est souvent tout autre chose qu'une souffrance ; c'est souvent un malheur.

Le malheur est un déracinement de la vie, un équivalent plus ou moins atténué de la mort, rendu irrésistiblement présent à l'âme par l'atteinte ou l'appréhension immédiate de la douleur physique. Si la douleur physique est tout à fait absente, il n'y a pas malheur pour l'âme, parce que la pensée se porte vers n'importe quel autre objet. La pensée fuit le malheur aussi promptement, aussi irrésistiblement qu'un animal fuit la mort. Il n'y a ici-bas que la douleur physique et rien d'autre qui ait la propriété d'enchaîner la pensée ; à condition qu'on assimile à la douleur physique certains phénomènes difficiles à décrire, mais corporels, qui lui sont rigoureusement équivalents. L'appréhension de la douleur physique, notamment, est de cette espèce.

Quand la pensée est contrainte par l'atteinte de la douleur physique, cette douleur fût-elle légère, de reconnaître la présence du malheur, il se produit un état aussi violent que si un condamné est contraint de regarder pendant des heures la guillotine qui va lui couper le cou. Des êtres humains peuvent vivre vingt ans, cinquante ans dans cet état violent. On passe à côté d'eux sans s'en apercevoir. Quel homme est capable de les discerner, si le Christ lui-même ne regarde pas par ses yeux ? On remarque seulement qu'ils ont parfois un comportement étrange, et on blâme ce comportement.

Il n'y a vraiment malheur que si l'événement qui a saisi une vie et l'a déracinée l'atteint directement ou indirectement dans toutes ses parties, sociales, psychologique, physique. Le facteur social est essentiel. Il n'y a pas vraiment malheur là où il n'y a pas sous une forme quelconque déchéance sociale ou appréhension d'une telle déchéance.

Entre le malheur et tous les chagrins qui, même s'ils sont très violents, très profonds, très durables, sont autre chose que le malheur proprement dit, il y a à la fois continuité et la séparation d'un seuil, comme pour la température d'ébullition de l'eau. Il y a une limite au-delà de laquelle se trouve le malheur et non en deçà. Cette limite n'est pas purement objective ; toutes sortes de facteurs personnels entrent dans le compte. Un même événement peut précipiter un être humain dans le malheur et non un autre.

La grande énigme de la vie humaine, ce n'est pas la souffrance, c'est le malheur. Il n'est pas étonnant que des innocents soient tués, torturés, chassés de leurs pays, réduits à la misère ou à l'esclavage, enfermés dans des camps ou des cachots, puisqu'il se trouve des criminels pour accomplir ces actions. Il n'est pas étonnant non plus que la maladie impose de longues souffrances qui paralysent la vie et en font une image de la mort, puisque la nature est soumise à un jeu aveugle de nécessités mécaniques. Mais il est étonnant que Dieu ait donné au malheur la puissance de saisir l'âme elle-même des innocents et de s'en emparer en maître souverain. Dans le meilleur des cas, celui que marque le malheur ne gardera que la moitié de son âme.

Ceux à qui il est arrivé un de ces coups après lesquels un être se débat sur le sol comme un ver à moitié écrasé, ceux-là n'ont pas de mots pour exprimer ce qui leur arrive. Parmi les gens qu'ils rencontrent, ceux qui, même ayant beaucoup souffert, n'ont jamais eu contact avec le malheur proprement dit n'ont aucune idée de ce que c'est. C'est quelque chose de spécifique, irréductible à toute autre chose comme les sons, dont rien ne peut donner aucune idée à un sourd-muet. Et ceux qui ont été eux-mêmes mutilés par le malheur sont hors d'état de porter secours à qui que ce soit et presque incapables même de le désirer. Ainsi la compassion à l'égard des malheureux est une impossibilité. Quand elle se produit vraiment, c'est un miracle plus surprenant que la marche sur les eaux, la guérison des malades et même la résurrection d'un mort.

Le malheur a contraint le Christ à supplier d'être épargné, à chercher des consolations auprès des hommes, à se croire abandonné de son Père. Il a contraint un juste à crier contre Dieu, un juste aussi parfait que la nature seulement humaine le comporte, davantage peut-être, si Job est moins un personnage historique qu'une figure du Christ. « Il se rit du malheur des innocents. » Ce n'est pas un blasphème, c'est un cri authentique arraché à la douleur. Le livre de Job, d'un bout à l'autre, est une pure merveille de vérité et d'authenticité. Au sujet du malheur, tout ce qui s'écarte de ce modèle est plus ou moins souillé de mensonge.

Le malheur rend Dieu absent pendant un temps, plus absent qu'un mort, plus absent que la lumière dans un cachot complètement ténébreux. Une sorte d'horreur submerge toute l'âme. Pendant cette absence il n'y a rien à aimer. Ce qui est terrible, c'est que si, dans ces ténèbres où il n'y a rien à aimer, l'âme cesse d'aimer, l'absence de Dieu devient définitive. Il faut que l'âme continue à aimer à vide, ou du moins à vouloir aimer, fût-ce avec une partie infinitésimale d'elle-même. Alors un jour Dieu vient se montrer lui-même à elle et lui révéler la beauté du monde, comme ce fut le cas pour Job. Mais si l'âme cesse d'aimer, elle tombe dès ici-bas dans quelque chose de presque équivalent à l'enfer.

C'est pourquoi ceux qui précipitent dans le malheur des hommes non préparés à le recevoir tuent des âmes. D'autre part, à une époque comme la nôtre, où le malheur est suspendu sur tous, le secours apporté aux âmes n'est efficace que s'il va jusqu'à les préparer réellement au malheur. Ce n'est pas peu de chose.

Le malheur durcit et désespère parce qu'il imprime jusqu'au fond de l'âme, comme avec un fer rouge, ce mépris, ce dégoût et même cette répulsion de soi-même, cette sensation de culpabilité et de souillure, que le crime devrait logiquement produire et ne produit pas. Le mal habite dans l'âme du criminel sans y être senti. Il est senti dans l'âme de l'innocent malheureux. Tout se passe comme si l'état de l'âme qui par essence convient au criminel avait été séparé du crime et attaché au malheur ; et même à proportion de l'innocence des malheureux.

Si Job crie son innocence avec un accent si désespéré, c'est que lui-même n'arrive pas à y croire, c'est qu'en lui-même son âme prend le parti de ses amis. Il implore le témoignage de Dieu même, parce qu'il n'entend plus le témoignage de sa propre conscience ; ce n'est plus pour lui qu'un souvenir abstrait et mort.

La nature charnelle de l'homme lui est commune avec l'animal. Les poules se précipitent à coups de bec sur une poule blessée. C'est un phénomène aussi mécanique que la pesanteur. Tout le mépris, toute la répulsion, toute la haine que notre raison attache au crime, notre sensibilité l'attache au malheur. Excepté ceux dont le Christ occupe toute l'âme, tout le monde méprise plus ou moins les malheureux, quoique presque personne n'en ait conscience.

Cette loi dé notre sensibilité vaut aussi à l'égard de nous-mêmes. Ce mépris, cette répulsion, cette haine, chez le malheureux, se tournent contre lui-même, pénètrent au centre de l'âme, et de là colorent de leur coloration empoisonnée l'univers tout entier. L'amour surnaturel, s'il a survécu, peut empêcher ce second effet de se produire, mais non pas le premier. Le premier est l'essence même du malheur ; il n'y a pas de malheur là où il ne se produit pas.

« Il a été fait malédiction pour nous. » Ce n'est pas seulement le corps du Christ, suspendu au bois, qui a été fait malédiction, c'est aussi toute son âme. De même tout innocent dans le malheur se sent maudit. Même il en est encore ainsi de ceux qui ont été dans le malheur et en ont été retirés par un changement de fortune, s'ils ont été assez profondément mordus.

Un autre effet du malheur est de rendre l'âme sa complice, peu à peu, en y injectant un poison d'inertie. En quiconque a été malheureux assez longtemps, il y a une complicité à l'égard de son propre malheur. Cette complicité entrave tous les efforts qu'il pourrait faire pour améliorer son sort ; elle va jusqu'à l'empêcher de rechercher les moyens d'être délivré, parfois même jusqu'à l'empêcher de souhaiter la délivrance. Il est alors installé dans le malheur, et les gens peuvent croire qu'il est satisfait. Bien plus, cette complicité peut le pousser malgré lui à éviter, à fuir les moyens de la délivrance ; elle se voile alors sous des prétextes parfois ridicules. Même chez celui qui a été sorti du malheur, s'il a été mordu pour toujours jusqu'au fond de l'âme, il subsiste quelque chose qui le pousse à s'y précipiter de nouveau, comme si le malheur était installé en lui à la manière d'un parasite et le dirigeait à ses propres fins. Parfois cette impulsion l'emporte sur tous les mouvements de l'âme vers le bonheur. Si le malheur a pris fin par l'effet d'un bienfait, elle peut s'accompagner de haine contre le bienfaiteur ; telle est la cause de certains actes d'ingratitude sauvage apparemment inexplicables. Il est parfois facile de délivrer un malheureux de son malheur présent, mais il est difficile de le libérer de son malheur passé. Dieu seul le peut. Encore la grâce de Dieu elle-même ne guérit-elle pas ici-bas la nature irrémédiablement blessée. Le corps glorieux du Christ portait les plaies.

On ne peut accepter l'existence du malheur qu'en le regardant comme une distance.

Dieu a créé par amour, pour l'amour. Dieu n'a pas créé autre chose que l'amour même et les moyens de l'amour. Il a créé toutes les formes de l'amour. Il a créé des êtres capables d'amour à toutes les distances possibles. Lui-même est allé, parce que nul autre ne pouvait le faire, à la distance maximum, la distance infinie. Cette distance infinie entre Dieu et Dieu, déchirement suprême, douleur dont aucune autre n'approche, merveille de l'amour, c'est la crucifixion. Rien ne peut être plus loin de Dieu que ce qui a été fait malédiction.

Ce déchirement par-dessus lequel l'amour suprême met le lien de la suprême union résonne perpétuellement à travers l'univers, au fond du silence, comme deux notes séparées et fondues, comme une harmonie pure et déchirante. C'est cela la Parole de Dieu. La création tout entière n'en est que la vibration. Quand la musique humaine dans sa plus grande pureté nous perce l'âme, c'est cela que nous entendons à travers elle. Quand nous avons appris à entendre le silence, c'est cela que nous saisissons, plus distinctement, à travers lui.

Ceux qui persévèrent dans l'amour entendent cette note tout au fond de la déchéance où les a mis le malheur. À partir de ce moment ils ne peuvent plus avoir aucun doute.

Les hommes frappés de malheur sont au pied de la Croix, presque à la plus grande distance possible de Dieu. Il ne faut pas croire que le péché soit une distance plus grande. Le péché n'est pas une distance. C'est une mauvaise orientation du regard.

Il y a, il est vrai, une liaison mystérieuse entre cette distance et une désobéissance originelle. Dès l'origine, nous dit-on, l'humanité a détourné son regard de Dieu et marché dans la mauvaise direction aussi loin qu'elle pouvait aller. C'est qu'elle pouvait alors marcher. Nous, nous sommes cloués sur place, libres seulement de nos regards, soumis à la nécessité. Un mécanisme aveugle, qui ne tient nul compte du degré de perfection spirituelle, ballotte continuellement les hommes et en jette quelques-uns au pied même de la Croix. Il dépend d'eux seulement de garder ou non les yeux tournés vers Dieu à travers les secousses. Ce n'est pas que la Providence de Dieu soit absente. C'est par sa Providence que Dieu a voulu la nécessité comme un mécanisme aveugle.

Si le mécanisme n'était pas aveugle, il n'y aurait

pas du tout de malheur. Le malheur est avant tout anonyme, il prive ceux qu'il prend de leur personnalité et en fait des choses. Il est indifférent, et c'est le froid de cette indifférence, un froid métallique, qui glace jusqu'au fond même de l'âme tous ceux qu'il touche. Ils ne retrouveront jamais plus la chaleur. Ils ne croiront jamais plus qu'ils sont quelqu'un.

Le malheur n'aurait pas cette vertu sans la part de hasard qu'il enferme. Ceux qui sont persécutés pour leur foi et qui le savent, quoi qu'ils aient à souffrir, ne sont pas des malheureux. Ils tombent dans le malheur seulement si la souffrance ou la peur occupent l'âme au point de faire oublier la cause de la persécution. Les martyrs livrés aux bêtes qui entraient dans l'arène en chantant n'étaient pas des malheureux. Le Christ était un malheureux. Il n'est pas mort comme un martyr. Il est mort comme un criminel de droit commun, mélangé aux larrons, seulement un peu plus ridicule. Car le malheur est ridicule.

Il n'y a que la nécessité aveugle qui puisse jeter des hommes au point de l'extrême distance, tout à côté de la Croix. Les crimes humains qui sont la cause de la plupart des malheurs font partie de la nécessité aveugle, car les criminels ne savent pas ce qu'ils font.

Il y a deux formes de l'amitié, la rencontre et la séparation. Elles sont indissolubles. Elles enferment toutes deux le même bien, le bien unique, l'amitié. Car quand deux êtres qui ne sont pas amis sont proches, il n'y a pas rencontre. Quand ils sont éloignés, il n'y a pas séparation. Enfermant le même bien, elles sont également bonnes.

Dieu se produit, se connaît soi-même parfaitement comme nous fabriquons et connaissons misérablement des objets hors de nous. Mais avant tout Dieu est amour. Avant tout Dieu s'aime soi-même. Cet amour, cette amitié en Dieu, c'est la Trinité. Entre les termes unis par cette relation d'amour divin, il y a plus que proximité, il y a proximité infinie, identité. Mais par la Création, l'Incarnation, la Passion, il y a aussi une distance infinie. La totalité de l'espace, la totalité du temps, interposant leur épaisseur, mettent une distance infinie entre Dieu et Dieu.

Les amants, les amis ont deux désirs. L'un de s'aimer tant qu'ils entrent l'un dans l'autre et ne fassent qu'un seul être. L'autre de s'aimer tant qu'ayant entre eux la moitié du globe terrestre leur union n'en souffre aucune diminution. Tout ce que l'homme désire vainement ici-bas est parfait et réel en Dieu. Tous ces désirs impossibles sont en nous comme une marque de notre destination, et ils sont bons pour nous dès que nous n'espérons plus les accomplir.

L'amour entre Dieu et Dieu, qui est lui-même Dieu, est ce lien à double vertu ; ce lien qui unit deux êtres au point qu'ils ne sont pas discernables et sont réellement un seul, ce lien qui s'étend pardessus la distance et triomphe d'une séparation infinie. L'unité de Dieu où disparaît toute pluralité, l'abandon où croit se trouver le Christ sans cesser d'aimer parfaitement son Père, ce sont deux formes de la vertu divine du même Amour, qui est Dieu même.

Dieu est si essentiellement amour que l'unité, qui en un sens est sa définition même, est un simple effet de l'amour. Et à l'infinie vertu unificatrice de cet amour correspond l'infinie séparation dont elle triomphe, qui est toute la création, étalée à travers la totalité de l'espace et du temps, faite de matière mécaniquement brutale, interposée entre le Christ et son Père.

Nous autres hommes, notre misère nous donne le privilège infiniment précieux d'avoir part à cette distance placée entre le Fils et le Père. Mais cette distance n'est séparation que pour ceux qui aiment. Pour ceux qui aiment, la séparation, quoique douloureuse, est un bien, parce qu'elle est amour. La détresse même du Christ abandonné est un bien. Il ne peut pas y avoir pour nous ici-bas de plus grand bien que d'y avoir part. Dieu ici-bas ne peut pas nous être parfaitement présent, à cause de la chair. Mais il peut nous être dans l'extrême malheur presque parfaitement absent. C'est pour nous sur terre l'unique possibilité de perfection. C'est pourquoi la Croix est notre unique espoir. « Nulle forêt ne porte un tel arbre, avec cette fleur, ce feuillage et ce germe. »

Cet univers où nous vivons, dont nous sommes une parcelle, est cette distance mise par l'Amour divin entre Dieu et Dieu. Nous sommes un point dans cette distance. L'espace, le temps, et le mécanisme qui gouverne la matière sont cette distance. Tout ce que nous nommons le mal n'est que ce mécanisme. Dieu a fait en sorte que sa grâce, quand elle pénètre au centre même d'un homme et de là illumine tout son être, lui permet, sans violer les lois de la nature, de marcher sur les eaux. Mais quand un homme se détourne de Dieu, il se livre simplement à la pesanteur. Il croit ensuite vouloir et choisir, mais il n'est qu'une chose, une pierre qui tombe. Si l'on regarde de près, d'un regard vraiment attentif, les âmes et les sociétés humaines, on voit que partout où la vertu de la lumière surnaturelle est absente, tout obéit à des lois mécaniques aussi aveugles et aussi précises que les lois de la chute des corps. Ce savoir est bienfaisant et nécessaire. Ceux que nous nommons criminels ne sont que des tuiles détachées d'un toit par le vent et tombant au hasard. Leur seule faute est le choix initial qui a fait d'eux ces tuiles.

Le mécanisme de la nécessité se transpose à tous les niveaux en restant semblable à lui-même, dans la matière brute, dans les plantes, dans les animaux, dans les peuples, dans les âmes. Regardé du point où nous sommes, selon notre perspective, il est tout à fait aveugle. Mais si nous transportons notre cœur hors de nous-mêmes, hors de l'univers, hors de l'espace et du temps, là où est notre Père, et si de là nous regardons ce mécanisme, il apparaît tout autre. Ce qui semblait nécessité devient obéissance. La matière est entière passivité, et par suite entière obéissance à la volonté de Dieu. Elle est pour nous un parfait modèle. Il ne peut pas y avoir d'autre être que Dieu et ce qui obéit à Dieu. Par sa parfaite obéissance la matière mérite d'être aimée par ceux qui aiment son Maître, comme un amant regarde avec tendresse l'aiguille qui a été maniée par une femme aimée et morte. Nous sommes avertis de cette part qu'elle mérite à notre amour par la beauté du monde. Dans la beauté du monde la nécessité brute devient objet d'amour. Rien n'est beau comme la pesanteur dans les plis fugitifs des ondulations de la mer ou les plis presque éternels des montagnes.

La mer n'est pas moins belle à nos yeux parce que nous savons que parfois des bateaux sombrent. Elle en est plus belle au contraire. Si elle modifiait le mouvement de ses vagues pour épargner un bateau, elle serait un être doué de discernement et de choix, et non pas ce fluide parfaitement obéissant à toutes les pressions extérieures. C'est cette parfaite obéissance qui est sa beauté.

Toutes les horreurs qui se produisent en ce monde sont comme les plis imprimés aux vagues par la pesanteur. C'est pourquoi elles enferment une beauté. Parfois un poème, tel que l'*Iliade*, rend cette beauté sensible.

L'homme ne peut jamais sortir de l'obéissance à Dieu. Une créature ne peut pas ne pas obéir. Le seul choix offert à l'homme comme créature intelligente et libre, c'est de désirer l'obéissance ou de ne pas la désirer. S'il ne la désire pas, il obéit néanmoins, perpétuellement, en tant que chose soumise à la nécessité mécanique. S'il la désire, il reste soumis à la nécessité mécanique, mais une nécessité nouvelle s'y surajoute, une nécessité constituée par les lois propres aux choses surnaturelles. Certaines actions lui deviennent impossibles, d'autres s'accomplissent à travers lui parfois presque malgré lui.

Quand on a le sentiment que dans telle occasion on a désobéi à Dieu, cela veut dire simplement que pendant un temps on a cessé de désirer l'obéissance. Bien entendu, toutes choses égales d'ailleurs, un homme n'accomplit pas les mêmes actions selon qu'il consent ou non à l'obéissance ; de même qu'une plante, toutes choses égales d'ailleurs, ne pousse pas de la même manière selon qu'elle est dans la lumière ou dans les ténèbres. La plante n'exerce aucun contrôle, aucun choix dans l'affaire de sa propre croissance. Nous, nous sommes comme des plantes qui auraient pour unique choix de s'exposer ou non à la lumière.

Le Christ nous a proposé comme modèle la docilité de la matière en nous conseillant de regarder les lis des champs qui ne travaillent ni ne filent. C'est-à-dire qu'ils ne se sont pas proposé de revêtir telle ou telle couleur, ils n'ont pas mis en mouvement leur volonté ni disposé des moyens à cette fin, ils ont reçu tout ce que la nécessité naturelle leur apportait. S'ils nous paraissent infiniment plus beaux que de riches étoffes, ce n'est pas qu'ils soient plus riches, c'est par cette docilité. Le tissu aussi est docile, mais docile à l'homme, non à Dieu. La matière n'est pas belle quand elle obéit à l'homme, seulement quand elle obéit à Dieu. Si parfois, dans une œuvre d'art, elle apparaît presque aussi belle que dans la mer, les montagnes ou les fleurs, c'est que la lumière de Dieu a empli l'artiste. Pour trouver belles des choses fabriquées par des hommes non éclairés de Dieu, il faut avoir compris avec toute l'âme que ces hommes eux-mêmes ne sont que de la matière qui obéit sans le savoir. Pour celui qui en est là, absolument tout ici-bas est parfaitement beau. En tout ce qui existe, en tout ce qui se produit, il discerne le mécanisme de la nécessité, et il savoure dans la nécessité la douceur infinie de l'obéissance. Cette obéissance des choses est pour nous, par rapport à Dieu, ce qu'est la transparence d'une vitre par rapport à la lumière. Dès que nous sentons cette obéissance de tout notre être, nous voyons Dieu.

Quand nous tenons un journal à l'envers, nous voyons les formes étranges des caractères imprimés. Quand nous le mettons à l'endroit, nous ne voyons plus les caractères, nous voyons des mots. Le passager d'un bateau pris par une tempête sent chaque secousse comme un bouleversement dans ses entrailles. Le capitaine y saisit seulement la combinaison complexe du vent, du courant, de la houle, avec la disposition du bateau, sa forme, sa voilure, son gouvernail.

Comme on apprend à lire, comme on apprend un métier, de même on apprend à sentir en toute chose, avant tout et presque uniquement, l'obéissance de l'univers à Dieu. C'est vraiment un apprentissage. Comme tout apprentissage, il demande des efforts et du temps. Pour qui est arrivé au terme, il n'y a pas plus de différences entre les choses, entre les événements, que la différence sentie par quelqu'un qui sait lire devant une même phrase reproduite plusieurs fois, écrite à l'encre rouge, à l'encre bleue, imprimée en tels, tels et tels caractères. Celui qui ne sait pas lire ne voit là que des différences. Pour qui sait lire, tout cela est équivalent, puisque la phrase est la même. Pour qui a achevé l'apprentissage, les choses et les événements, partout, toujours, sont la vibration de la même parole divine infiniment douce. Cela ne veut pas dire qu'il ne souffre pas. La douleur est la coloration de certains événements. Devant une phrase écrite à l'encre rouge, celui qui sait lire et celui qui ne sait pas voient pareillement du rouge ; mais la coloration rouge n'a pas la même importance pour l'un et pour l'autre.

Quand un apprenti se blesse ou bien se plaint de fatigue, les ouvriers, les paysans, ont cette belle parole : « C'est le métier qui rentre dans le corps. » Chaque fois que nous subissons une douleur, nous pouvons nous dire avec vérité que c'est l'univers, l'ordre du monde, la beauté du monde, l'obéissance de la création à Dieu qui nous entrent dans le corps. Dès lors comment ne bénirions-nous pas avec la plus tendre reconnaissance l'Amour qui nous envoie ce don ?

La joie et la douleur sont des dons également précieux, qu'il faut savourer l'un et l'autre intégralement, chacun dans sa pureté, sans chercher à les mélanger. Par la joie la beauté du monde pénètre dans notre âme. Par la douleur elle nous entre dans le corps. Avec la joie seule nous ne pourrions pas plus devenir amis de Dieu que l'on ne devient capitaine seulement en étudiant des manuels de navigation. Le corps a part dans tout apprentissage. Au niveau de la sensibilité physique, la douleur seule est un contact avec cette nécessité qui constitue l'ordre du monde ; car le plaisir n'enferme pas l'impression d'une nécessité. C'est une partie plus élevée de la sensibilité qui est capable de sentir la nécessité dans la joie, et cela seulement par l'intermédiaire du sentiment du beau. Pour que notre être devienne un jour sensible tout entier, de part en part, à cette obéissance qui est la substance de la matière, pour que se forme en nous ce sens nouveau qui permet d'entendre l'univers comme étant la vibration de la parole de Dieu, la vertu transformatrice de la douleur et celle de la joie sont également indispensables. Il faut ouvrir à l'une et à l'autre, quand l'une ou l'autre se présente, le centre même de l'âme, comme on ouvre sa porte aux messagers de celui qu'on aime. Qu'importe à une amante que le messager soit poli ou brutal, s'il lui tend un message ?

Mais le malheur n'est pas la douleur. Le malheur est bien autre chose qu'un procédé pédagogique de Dieu.

L'infinité de l'espace et du temps nous séparent de Dieu. Comment le chercherions-nous ? Comment irions-nous vers lui ? Quand même nous marcherions tout au long des siècles, nous ne ferions pas autre chose que tourner autour de la terre. Même en avion, nous ne pourrions pas faire autre chose. Nous sommes hors d'état d'avancer verticalement. Nous ne pouvons pas faire un pas vers les cieux. Dieu traverse l'univers et vient jusqu'à nous.

Par-dessus l'infinité de l'espace et du temps, l'amour infiniment plus infini de Dieu vient nous saisir. Il vient à son heure. Nous avons le pouvoir de consentir à l'accueillir ou de refuser. Si nous restons sourds il revient et revient encore comme un mendiant, mais aussi, comme un mendiant, un jour ne revient plus. Si nous consentons, Dieu met en nous une petite graine et s'en va. À partir de ce moment, Dieu n'a plus rien à faire ni nous non plus, sinon attendre. Nous devons seulement ne pas regretter le consentement que nous avons accordé, le oui nuptial[1]. Ce n'est pas aussi facile qu'il semble, car la croissance de la graine en nous est douloureuse. De plus, du fait même que nous acceptons cette croissance, nous ne pouvons nous empêcher de détruire ce qui la gênerait, d'arracher des mauvaises herbes, de couper du chiendent ; et malheureusement ce chiendent fait partie de notre chair même, de sorte que ces soins de jardinier sont une opération violente. Néanmoins la graine, somme toute, croît toute seule. Un jour vient où l'âme appartient à Dieu, où non seulement elle consent à l'amour, mais où vraiment, effectivement, elle aime. Il faut alors à son tour qu'elle traverse l'univers pour aller jusqu'à Dieu. L'âme n'aime pas comme une créature d'un amour créé. Cet amour en elle est divin, incréé, car c'est l'amour de Dieu pour Dieu qui

1. Jean-Marie Perrin renvoie en note dans l'édition qu'il a annotée (Éditions du Vieux Colombier, 1950, rééd. Fayard, 1966), à propos du consentement, à l'étude de Simone Weil pour une déclaration des obligations envers l'être humain (*Écrits de Londres*) : « À quiconque, en fait, consent à orienter son attention et son amour hors du monde, vers la réalité située au-delà de toutes les facultés humaines, il est donné d'y réussir. En ce cas, tôt ou tard, il descend sur lui du bien qui, à travers lui, rayonne autour de lui. »

passe à travers elle. Dieu seul est capable d'aimer Dieu. Nous pouvons seulement consentir à perdre nos sentiments propres pour laisser passage en notre âme à cet amour. C'est cela se nier soi-même. Nous ne sommes créés que pour ce consentement.

L'amour divin a traversé l'infinité de l'espace et du temps pour aller de Dieu à nous. Mais comment peut-il refaire le trajet en sens inverse quand il part d'une créature finie ? Quand la graine d'amour divin déposée en nous a grandi, est devenue un arbre, comment pouvons-nous, nous qui la portons, la rapporter à son origine, faire en sens inverse le voyage qu'a fait Dieu vers nous, traverser la distance infinie ?

Cela semble impossible, mais il y a un moyen. Ce moyen, nous le connaissons bien. Nous savons bien à la ressemblance de quoi est fait cet arbre qui a poussé en nous, cet arbre si beau, où les oiseaux du ciel se posent. Nous savons quel est le plus beau de tous les arbres. « Nulle forêt n'en porte un pareil. » Quelque chose d'encore un peu plus affreux qu'une potence, voilà le plus beau des arbres. C'est cet arbre dont Dieu a mis la graine en nous, sans que nous sachions quelle était cette graine. Si nous avions su, nous n'aurions pas dit oui au premier moment. C'est cet arbre qui a poussé en nous, qui est devenu indéracinable. Seule une trahison peut le déraciner.

Quand on frappe avec un marteau sur un clou, le choc reçu par la large tête du clou passe tout entier dans la pointe, sans que rien s'en perde, quoiqu'elle ne soit qu'un point. Si le marteau et la tête du clou étaient infiniment grands, tout se passerait encore de même. La pointe du clou transmettrait au point sur lequel elle est appliquée ce choc infini.

L'extrême malheur, qui est à la fois douleur physique, détresse de l'âme et dégradation sociale, constitue ce clou. La pointe est appliquée au centre même de l'âme. La tête du clou est toute la nécessité éparse à travers la totalité de l'espace et du temps.

Le malheur est une merveille de la technique divine. C'est un dispositif simple et ingénieux qui fait entrer dans l'âme d'une créature finie cette immensité de force aveugle, brutale et froide. La distance infinie qui sépare Dieu de la créature se rassemble tout entière en un point pour percer une âme en son centre.

L'homme à qui pareille chose arrive n'a aucune part à cette opération. Il se débat comme un papillon qu'on épingle vivant sur un album. Mais il peut à travers l'horreur continuer à vouloir aimer. Il n'y a à cela aucune impossibilité, aucun obstacle, on pourrait presque dire aucune difficulté. Car la douleur la plus grande, tant qu'elle est en deçà de l'évanouissement, ne touche pas à ce point de l'âme qui consent à une bonne orientation.

Il faut seulement savoir que l'amour est une orientation et non pas un état d'âme. Si on l'ignore on tombe dans le désespoir dès la première atteinte du malheur.

Celui dont l'âme reste orientée vers Dieu pendant qu'elle est percée d'un clou se trouve cloué sur le centre même de l'univers. C'est le vrai centre, qui n'est pas au milieu, qui est hors de l'espace et du temps, qui est Dieu. Selon une dimension qui n'appartient pas à l'espace, qui n'est pas le temps, qui est une tout autre dimension, ce clou a percé un trou à travers la création, à travers l'épaisseur de l'écran qui sépare l'âme de Dieu.

Par cette dimension merveilleuse, l'âme peut, sans quitter le lieu et l'instant où se trouve le corps auquel elle est liée, traverser la totalité de l'espace et du temps et parvenir devant la présence même de Dieu.

Elle se trouve à l'intersection de la création et du Créateur. Ce point d'intersection, c'est celui du croisement des branches de la Croix.

Saint Paul songeait peut-être à des choses de ce genre quand il disait : « Soyez enracinés dans l'amour, afin d'être capables de saisir ce que sont la largeur, la longueur, la hauteur et la profondeur, et de connaître ce qui passe toute connaissance, l'amour du Christ. »

Formes de l'Amour implicite de Dieu

Le commandement : « Aime Dieu » implique par sa forme impérative qu'il s'agit, non pas seulement du consentement que l'âme peut accorder ou refuser quand Dieu vient en personne prendre la main de sa future épouse, mais aussi d'un amour antérieur à cette visite. Car il s'agit d'une obligation permanente.

L'amour antérieur ne peut avoir Dieu pour objet, puisque Dieu n'est pas présent et ne l'a encore jamais été. Il a donc un autre objet. Pourtant il est destiné à devenir amour de Dieu. On peut le nommer amour indirect ou implicite de Dieu.

Cela est vrai même quand l'objet de cet amour porte le nom de Dieu. Car on peut dire alors, ou que ce nom est appliqué d'une manière impropre, ou que l'usage n'en est légitime qu'à cause du développement qui doit se produire.

L'amour implicite de Dieu ne peut avoir que trois objets immédiats, les trois seuls objets d'ici-bas où Dieu soit réellement, quoique secrètement présent. Ces objets sont les cérémonies religieuses, la beauté du monde, et le prochain. Cela fait trois amours.

À ces trois amours il faut peut-être ajouter l'amitié ; en toute rigueur, elle est distincte de la charité du prochain.

Ces amours indirects ont une vertu exactement, rigoureusement équivalente. Selon les circonstances, le tempérament et la vocation, l'un ou l'autre entre le premier dans une âme ; l'un ou l'autre domine au cours de la période de préparation. Ce n'est peut-être pas nécessairement le même tout au long de cette période.

Il est probable que dans la plupart des cas la période de préparation ne touche à sa fin, l'âme n'est prête à recevoir la visite personnelle de son Maître que si elle porte en elle à un degré élevé tous ces amours indirects.

L'ensemble de ces amours constitue l'amour de Dieu sous la forme qui convient à la période préparatoire, sous forme enveloppée.

Ils ne disparaissent pas quand surgit dans l'âme l'amour de Dieu proprement dit ; ils deviennent infiniment plus forts, et tout cela ne fait ensemble qu'un seul amour.

Mais la forme enveloppée de l'amour précède nécessairement, et souvent pendant très longtemps elle règne seule dans l'âme ; chez beaucoup peut-être jusqu'à la mort. Cet amour enveloppé peut atteindre des degrés très élevés de pureté et de force.

Chacune des formes dont cet amour est susceptible, au moment où elle touche l'âme, a la vertu d'un sacrement.

L'amour du prochain

Le Christ a indiqué cela assez clairement pour l'amour du prochain. Il a dit qu'il remercierait un jour ses bienfaiteurs en leur disant : « J'ai eu faim et vous m'avez donné à manger. » Qui peut être le bienfaiteur du Christ, si ce n'est le Christ lui-même ? Comment un homme peut-il donner à manger au Christ, s'il n'est pas au moins pour un moment élevé à cet état dont parle saint Paul, où il ne vit plus lui-même en lui-même, où le Christ seul vit en lui ?

Dans le texte de l'Évangile, il est question seulement de la présence du Christ dans le malheureux. Pourtant il semble que la dignité spirituelle de celui qui reçoit ne soit pas du tout en cause. Il faut alors admettre que c'est le bienfaiteur lui-même, comme porteur du Christ, qui fait entrer le Christ dans le malheureux affamé avec le pain qu'il lui donne. L'autre peut consentir ou non à cette présence, exactement comme celui qui communie. Si le don est bien donné et bien reçu, le passage d'un morceau de pain d'un homme à un autre est quelque chose comme une vraie communion.

Les bienfaiteurs du Christ ne sont pas nommés par lui aimants ni charitables. Ils sont nommés les justes. L'Évangile ne fait aucune distinction entre l'amour du prochain et la justice. Aux yeux des Grecs aussi le respect de Zeus suppliant était le premier des devoirs de justice. Nous avons inventé la distinction entre la justice et la charité. Il est facile de comprendre pourquoi. Notre notion de la justice dispense celui qui possède de donner. S'il donne quand même, il croit pouvoir être content de lui-même. Il pense avoir fait une bonne œuvre. Quant à celui qui reçoit, selon la manière dont il comprend cette notion, ou elle le dispense de toute gratitude, ou elle le contraint à remercier bassement.

Seule l'identification absolue de la justice et de l'amour rend possibles à la fois d'une part la compassion et la gratitude, d'autre part le respect de la dignité du malheur chez les malheureux par lui-même et par les autres.

Il faut penser qu'aucune bonté, sous peine de constituer une faute sous une fausse apparence de bonté, ne peut aller plus loin que la justice. Mais il faut remercier le juste d'être juste, parce que la justice est une chose tellement belle, comme nous remercions Dieu à cause de sa grande gloire. Toute autre gratitude est servile et même animale.

La seule différence entre celui qui assiste à un acte de justice et celui qui en reçoit matériellement l'avantage est que dans cette circonstance la beauté de la justice est pour le premier seulement un spectacle, et pour le second l'objet d'un contact et même comme une nourriture. Ainsi le sentiment qui chez le premier est simple admiration doit être chez le second porté à un degré bien plus élevé par le feu de la gratitude.

Être sans gratitude quand on a été traité avec justice dans des circonstances où l'injustice était facilement possible, c'est se priver de la vertu surnaturelle, sacramentelle, enfermée dans tout acte pur de justice.

Rien ne permet mieux de concevoir cette vertu que la doctrine de la justice naturelle, telle qu'on la trouve exposée avec une probité d'esprit incomparable dans quelques lignes merveilleuses de Thucydide.

Les Athéniens, étant en guerre contre Sparte, voulaient forcer les habitants de la petite île de Mélos, alliée à Sparte de toute antiquité, et jusque-là demeurée neutre, à se joindre à eux. Vainement les Méliens, devant l'ultimatum athénien, invoquèrent la justice, implorèrent la pitié pour l'antiquité de leur ville. Comme ils ne voulurent pas céder, les Athéniens rasèrent la cité, firent mourir tous les hommes, vendirent comme esclaves toutes les femmes et tous les enfants.

Les lignes en question sont mises par Thucydide dans la bouche de ces Athéniens. Ils commencent par dire qu'ils n'essaieront pas de prouver que leur ultimatum est juste.

« Traitons plutôt de ce qui est possible… Vous le savez comme nous ; tel qu'est constitué l'esprit humain, ce qui est juste est examiné seulement s'il y a nécessité égale de part et d'autre. Mais s'il y a un fort et un faible, ce qui est possible est imposé par le premier et accepté par le second. »

Les Méliens dirent qu'en cas de bataille ils auraient les dieux avec eux à cause de la justice de leur cause. Les Athéniens répondirent qu'ils ne voyaient aucun motif de le supposer.

« Nous avons à l'égard des dieux la croyance, à l'égard des hommes la certitude, que toujours, par une nécessité de nature, chacun commande partout où il en a le pouvoir. Nous n'avons pas établi cette loi, nous ne sommes pas les premiers à l'appliquer ; nous l'avons trouvée établie, nous la conservons comme devant durer toujours ; et c'est pourquoi nous l'appliquons. Nous savons bien que vous aussi, comme tous les autres, une fois parvenus au même degré de puissance, vous agiriez de même. »

Cette lucidité d'intelligence dans la conception de l'injustice est la lumière immédiatement inférieure à celle de la charité. C'est la clarté qui subsiste quelque temps, là où la charité a existé, mais s'est éteinte. Au-dessous sont des ténèbres où le fort croit sincèrement que sa cause est plus juste que celle du faible. C'était le cas des Romains et des Hébreux.

Possibilité, nécessité, sont dans ces lignes les termes opposés à justice. Est possible tout ce qu'un fort peut imposer à un faible. Il est raisonnable d'examiner jusqu'où va cette possibilité. Si on la suppose connue, il est certain que le fort accomplira sa volonté jusqu'à l'extrême limite de la possibilité. C'est une nécessité mécanique. Autrement ce serait comme s'il voulait et ne voulait pas en même temps. Il y a là nécessité pour le fort comme pour le faible.

Quand deux êtres humains ont à faire ensemble, et qu'aucun n'a le pouvoir de rien imposer à l'autre, il faut qu'ils s'entendent. On examine alors la justice, car la justice seule a le pouvoir de faire coïncider deux volontés. Elle est l'image de cet Amour qui en Dieu unit le Père et le Fils, qui est la pensée commune des pensants séparés. Mais quand il y a un fort et un faible il n'y a nul besoin d'unir deux volontés. Il n'y a qu'une volonté, celle du fort. Le faible obéit. Tout se passe comme quand un homme manie de la matière. Il n'y a pas deux volontés à faire coïncider. L'homme veut, et la matière subit. Le faible est comme une chose. Il n'y a aucune différence entre jeter une pierre pour éloigner un chien importun et dire à un esclave : « Chasse ce chien. »

Il y a pour l'inférieur, à partir d'un certain degré d'inégalité dans les rapports de force inégaux entre les hommes, passage à l'état de matière et perte de la personnalité. Les anciens disaient : « Un homme perd la moitié de son âme le jour où il devient esclave. »

La balance en équilibre, image du rapport égal des forces, a été de toute antiquité, et surtout en Égypte, le symbole de la justice. Elle a peut-être été un objet religieux avant d'être employée dans le commerce. Son usage dans le commerce est l'image de ce consentement mutuel, essence même de la justice, qui doit être la règle des échanges. La définition de la justice comme consistant dans le consentement mutuel, qui se trouvait dans la législation de Sparte, était sans doute d'origine égéo-crétoise.

La vertu surnaturelle de justice consiste, si on est le supérieur dans le rapport inégal des forces, à se conduire exactement comme s'il y avait égalité. Exactement à tous égards, y compris les moindres détails d'accent et d'attitude, car un détail peut suffire à rejeter l'inférieur à l'état de matière qui dans cette occasion est naturellement le sien, comme le moindre choc congèle de l'eau restée liquide au-dessous de zéro degré.

Cette vertu pour l'inférieur ainsi traité consiste à ne pas croire qu'il y ait vraiment égalité de forces, à reconnaître que la générosité de l'autre est la seule cause de ce traitement. C'est ce qu'on nomme reconnaissance. Pour l'inférieur traité d'une autre manière, la vertu surnaturelle de justice consiste à comprendre que le traitement qu'il subit, d'une part est différent de la justice, mais d'autre part est conforme à la nécessité et au mécanisme de la nature humaine. Il doit demeurer sans soumission et sans révolte.

Celui qui traite en égaux ceux que le rapport des forces met loin au-dessous de lui leur fait véritablement don de la qualité d'êtres humains dont le sort les privait. Autant qu'il est possible à une créature, il reproduit à leur égard la générosité originelle du Créateur.

Cette vertu est la vertu chrétienne par excellence. C'est celle aussi qu'expriment dans le *Livre des morts égyptien* des paroles aussi sublimes que celles mêmes de l'Évangile : « Je n'ai fait pleurer personne. Je n'ai jamais rendu ma voix hautaine. Je n'ai jamais causé de peur à personne. Je ne me suis jamais rendu sourd à des paroles justes et vraies. »

La reconnaissance chez le malheureux, quand elle est pure, n'est qu'une participation à cette même vertu, car seule peut la reconnaître celui qui en est capable. Les autres en éprouvent les effets sans la reconnaître.

Une telle vertu est identique à la foi réelle, en

acte, dans le vrai Dieu. Les Athéniens de Thucydide pensaient que la divinité, comme l'homme dans l'état de nature, commande jusqu'à l'extrême limite du possible.

Le vrai Dieu est le Dieu conçu comme tout-puissant, mais comme ne commandant pas partout où Il en a le pouvoir ; car Il ne se trouve que dans les cieux, ou bien ici-bas dans le secret.

Ceux des Athéniens qui massacrèrent les Méliens n'avaient plus aucune idée d'un tel Dieu.

Ce qui prouve leur erreur, c'est d'abord que, contrairement à leur affirmation, il arrive, quoique ce soit extrêmement rare, que par pure générosité un homme s'abstienne de commander là où il en a le pouvoir. Ce qui est possible à l'homme est possible à Dieu.

On peut contester les exemples. Mais il est certain que si dans tel ou tel exemple on pouvait prouver qu'il s'agit seulement de pure générosité, cette générosité serait généralement admirée. Tout ce que l'homme est capable d'admirer est possible à Dieu.

Le spectacle de ce monde est encore une preuve plus sûre. Le bien pur ne s'y trouve nulle part. Ou bien Dieu n'est pas tout-puissant, ou bien Il n'est pas absolument bon, ou bien Il ne commande pas partout où il en a le pouvoir.

Ainsi l'existence du mal ici-bas, loin d'être une preuve contre la réalité de Dieu, est ce qui nous la révèle dans sa vérité.

La Création est de la part de Dieu un acte non pas d'expansion de soi, mais de retrait, de renoncement. Dieu et toutes les créatures, cela est moins que Dieu seul. Dieu a accepté cette diminution. Il a vidé de soi une partie de l'être. Il s'est vidé déjà dans cet acte de sa divinité ; c'est pourquoi saint Jean dit que l'Agneau a été égorgé dès la constitution du monde. Dieu a permis d'exister à des choses autres que Lui et valant infiniment moins que Lui. Il s'est par l'acte créateur nié lui-même, comme le Christ nous a prescrit de nous nier nous-mêmes. Dieu s'est nié en notre faveur pour nous donner la possibilité de nous nier pour Lui. Cette réponse, cet écho, qu'il dépend de nous de refuser, est la seule justification possible à la folie d'amour de l'acte créateur.

Les religions qui ont conçu ce renoncement, cette distance volontaire, cet effacement volontaire de Dieu, son absence apparente et sa présence secrète ici-bas, ces religions sont la religion vraie, la traduction en langages différents de la grande Révélation. Les religions qui représentent la divinité comme commandant partout où elle en a le pouvoir sont fausses. Même si elles sont monothéistes, elles sont idolâtres.

Celui qui, étant réduit par le malheur à l'état de chose inerte et passive, revient au moins pour un temps à l'état humain par la générosité d'autrui, celui-là, s'il sait accueillir et sentir l'essence véritable de cette générosité, reçoit à cet instant une âme issue exclusivement de la charité. Il est engendré d'en haut à partir de l'eau et de l'esprit. (Le mot de l'Évangile, *anôthen*, signifie d'en haut plus souvent que de nouveau.) Traiter le prochain malheureux avec amour, c'est quelque chose comme le baptiser.

Celui de qui provient l'acte de générosité ne peut agir comme il fait que s'il s'est transporté dans l'autre par la pensée. Lui aussi, à ce moment, est composé seulement d'eau et d'esprit.

La générosité et la compassion sont inséparables et ont l'une et l'autre leur modèle en Dieu, à savoir la création et la Passion.

Le Christ nous a enseigné que l'amour surnaturel du prochain, c'est l'échange de compassion et de gratitude qui se produit comme un éclair entre deux êtres dont l'un est pourvu et l'autre privé de la personne humaine. L'un des deux est seulement un peu de chair nue, inerte et sanglante au bord d'un fossé, sans nom, dont personne ne sait rien. Ceux qui passent à côté de cette chose l'aperçoivent à peine, et quelques minutes plus tard ne savent même pas qu'ils l'ont aperçue. Un seul s'arrête et y fait attention. Les actes qui suivent ne sont que l'effet automatique de ce moment d'attention. Cette attention est créatrice. Mais au moment où elle s'opère elle est renoncement. Du moins si elle est pure. L'homme accepte une diminution en se concentrant pour une dépense d'énergie qui n'étendra pas son pouvoir, qui fera seulement exister un être autre que lui, indépendant de lui. Bien plus, vouloir l'existence de l'autre, c'est se transporter en lui, par sympathie, et par suite avoir part à l'état de matière inerte où il se trouve.

Cette opération est au même degré contre nature chez un homme qui n'a pas connu le malheur et ignore ce que c'est, et chez un homme qui a connu ou pressenti le malheur et l'a pris en horreur.

Il n'est pas étonnant qu'un homme qui a du pain en donne un morceau à un affamé. Ce qui est étonnant, c'est qu'il soit capable de le faire par un geste différent de celui par lequel on achète un objet. L'aumône, quand elle n'est pas surnaturelle, est semblable à une opération d'achat. Elle achète le malheureux.

Quoi qu'un homme veuille, dans le crime comme dans la vertu la plus haute, dans les soucis minuscules comme dans les grands desseins, l'essence de son vouloir consiste toujours en ceci, qu'il veut d'abord vouloir librement. Vouloir l'existence de cette faculté de libre consentement chez un autre homme qui en a été privé par le malheur, c'est se transporter dans l'autre, c'est consentir soi-même au malheur, c'est-à-dire à la destruction de soi-même. C'est se nier soi-même. En se niant soi-même, on devient capable après Dieu d'affirmer un autre par une affirmation créatrice. On se donne en rançon pour l'autre. C'est un acte rédempteur.

La sympathie du faible pour le fort est naturelle, car le faible en se transportant dans l'autre acquiert une force imaginaire. La sympathie du fort pour le faible, étant l'opération inverse, est contre nature.

C'est pourquoi la sympathie du faible pour le fort est pure seulement si elle a pour unique objet la sympathie de l'autre pour lui, au cas où l'autre est vraiment généreux. C'est là la gratitude surnaturelle, qui consiste à être heureux d'être l'objet d'une compassion surnaturelle. Elle laisse la fierté absolument intacte. La conservation de la fierté véritable dans le malheur est elle aussi chose surnaturelle.

La gratitude pure comme la compassion pure est essentiellement consentement au malheur. Le malheureux et son bienfaiteur, entre qui la diversité de la fortune met une distance infinie, sont un dans ce consentement. Il y a amitié entre eux au sens des pythagoriciens, harmonie miraculeuse et égalité.

En même temps l'un et l'autre reconnaissent de toute leur âme qu'il est meilleur de ne pas commander partout où on en a le pouvoir. Cette pensée, si elle occupe toute l'âme et gouverne l'imagination, laquelle est la source des actions, cette pensée constitue la vraie foi. Car elle rejette le bien hors de ce monde, où sont toutes les sources de puissance ; elle reconnaît le bien comme le modèle du point secret qui se trouve au centre de la personne humaine et qui est principe de renoncement.

Même dans l'art et la science, si la production de second ordre, brillante ou médiocre, est extension de soi, la production de tout premier ordre, la création, est renoncement à soi. On ne discerne pas cette vérité, parce que la gloire mélange et recouvre indistinctement de son éclat les productions du premier ordre et les plus brillantes du second ordre, en donnant même souvent l'avantage à celles-ci.

La charité du prochain, étant constituée par l'attention créatrice, est analogue au génie.

L'attention créatrice consiste à faire réellement attention à ce qui n'existe pas. L'humanité n'existe pas dans la chair anonyme inerte au bord de la route. Le Samaritain qui s'arrête et regarde fait pourtant attention à cette humanité absente, et les actes qui suivent témoignent qu'il s'agit d'une attention réelle.

La foi, dit saint Paul, est la vue des choses invisibles. Dans ce moment d'attention, la foi est présente aussi bien que l'amour.

De même un homme qui est entièrement à la discrétion d'autrui n'existe pas. Un esclave n'existe pas, ni aux yeux du maître, ni à ses propres yeux. Les esclaves noirs d'Amérique, quand ils se blessaient par accident le pied ou la main, disaient : « Cela ne fait rien, c'est le pied du maître, la main du maître. » Celui qui est entièrement privé des biens, quels qu'ils soient, dans lesquels est cristallisée la considération sociale n'existe pas. Une chanson populaire espagnole dit en mots d'une merveilleuse vérité : « Si quelqu'un veut se faire invisible, il n'a pas de moyen plus sûr que de devenir pauvre. » L'amour voit l'invisible.

Dieu a pensé ce qui n'était pas, et par le fait de le penser l'a fait être. À chaque instant, nous existons seulement du fait que Dieu consent à penser notre existence, quoique en réalité nous n'existions pas. Du moins c'est ainsi que nous nous représentons la création, humainement et par suite faussement, mais cette imagerie enferme de la vérité. Dieu seul a ce pouvoir, de penser réellement ce qui n'est pas. Seul Dieu présent en nous peut réellement penser la qualité humaine chez les malheureux, les regarder vraiment d'un regard autre que celui qu'on accorde aux objets, écouter vraiment leur voix comme on écoute une parole. Eux s'aperçoivent alors qu'ils ont une voix ; autrement ils n'auraient pas l'occasion de s'en rendre compte.

Autant il est difficile d'écouter vraiment un malheureux, autant il lui est difficile de savoir qu'il est écouté seulement par compassion.

L'amour du prochain est l'amour qui descend de Dieu vers l'homme. Il est antérieur à celui qui monte de l'homme vers Dieu. Dieu a hâte de descendre vers les malheureux. Dès qu'une âme est disposée au consentement, fût-elle la dernière, la plus misérable, la plus difforme, Dieu se précipite en elle pour pouvoir à travers elle regarder, écouter les malheureux. Avec le temps seulement elle prend connaissance de cette présence. Mais ne trouverait-elle pas de nom pour la nommer, partout où les malheureux sont aimés pour eux-mêmes, Dieu est présent.

Dieu n'est pas présent, même s'il est invoqué, là où les malheureux sont simplement une occasion de faire le bien, même s'ils sont aimés à ce titre. Car alors ils sont dans leur rôle naturel, dans leur rôle de matière, de choses. Ils sont aimés impersonnellement. Et il faut leur porter dans leur état inerte, anonyme, un amour personnel.

C'est pourquoi des expressions comme aimer le prochain en Dieu, pour Dieu, sont des expressions trompeuses et équivoques. Un homme n'a pas trop de tout son pouvoir d'attention pour être capable simplement de regarder ce peu de chair inerte et sans vêtements au bord de la route. Ce n'est pas le moment de tourner la pensée vers Dieu. Comme il y a des moments où il faut penser à Dieu en oubliant toutes les créatures sans exception, il y a des moments où en regardant les créatures il ne faut pas penser explicitement au Créateur. Dans ces moments la présence de Dieu en nous a pour condition un secret si profond qu'elle soit un secret même pour nous. Il y a des moments où penser à Dieu nous sépare de Lui. La pudeur est la condition de l'union nuptiale.

Dans l'amour vrai, ce n'est pas nous qui aimons les malheureux en Dieu, c'est Dieu en nous qui aime les malheureux. Quand nous sommes dans le malheur, c'est Dieu en nous qui aime ceux qui nous veulent du bien. La compassion et la gratitude descendent de Dieu, et quand elles s'échangent en un regard, Dieu est présent au point où les regards se rencontrent. Le malheureux et l'autre s'aiment à partir de Dieu, à travers Dieu, mais non pas pour l'amour de Dieu ; ils s'aiment pour l'amour l'un de l'autre. Cela est quelque chose d'impossible. C'est pourquoi cela ne s'opère que par Dieu.

Celui qui donne du pain à un malheureux affamé pour l'amour de Dieu ne sera pas remercié par le Christ. Il a déjà eu son salaire dans cette seule pensée. Le Christ remercie ceux qui ne savaient pas à qui ils donnaient à manger.

Au reste le don n'est qu'une des deux formes possibles de l'amour des malheureux. Le pouvoir est toujours pouvoir de faire du bien et du mal. Dans un rapport de forces très inégal, le supérieur peut être juste à l'égard de l'inférieur soit en lui faisant du bien avec justice, soit en lui faisant du mal avec justice. Dans le premier cas il y a aumône, dans le second cas il y a châtiment.

Le châtiment juste, comme l'aumône juste, enveloppe la présence réelle de Dieu et constitue quelque chose comme un sacrement. Cela aussi est indiqué clairement dans l'Évangile. Cela est exprimé par les mots : « Que celui qui est sans péché lui jette la première pierre. » Le Christ seul est sans péché.

Le Christ a épargné la femme adultère. La fonction du châtiment ne convenait pas à l'existence terrestre qui allait se terminer sur la croix. Mais il n'a pas prescrit d'abolir la justice pénale. Il a permis qu'on continuât à jeter des pierres. Partout où on le fait justement, c'est donc lui qui jette la première. Et comme il réside dans le malheureux affamé qu'un juste nourrit, il réside aussi dans le malheureux condamné qu'un juste punit. Il ne l'a pas dit, mais il l'a suffisamment indiqué en mourant comme un condamné de droit commun. Il est le modèle divin des repris de justice. Comme les jeunes ouvriers formés dans la J. O. C. s'enivrent de l'idée que le Christ a été l'un des leurs, les repris de justice pourraient légitimement goûter la même ivresse. Il faudrait seulement le leur dire, comme on le dit aux ouvriers. En un sens le Christ est plus proche d'eux que des martyrs.

La pierre qui tue, le morceau de pain qui nourrit ont exactement la même vertu, si le Christ est présent au point de départ et au point d'arrivée. Le don de la vie, le don de la mort sont équivalents.

D'après la tradition hindoue, le roi Rama, incarnation de la deuxième Personne de la Trinité, dut, pour empêcher le scandale dans son peuple, faire mourir à son extrême regret un homme de basse caste, qui contrairement à la loi se livrait à des exercices d'ascétisme religieux. Il alla lui-même le trouver et le tua d'un coup d'épée. Aussitôt après l'âme du mort lui apparut et tomba à ses pieds, le remerciant du degré de gloire que lui avait conféré le contact de cette épée bienheureuse. Ainsi l'exécution, quoique tout à fait injuste en un sens, mais légale et accomplie par la main même de Dieu, avait eu toute la vertu d'un sacrement.

Le caractère légal d'un châtiment n'a pas de signification véritable s'il ne lui confère pas quelque chose de religieux, s'il n'en fait pas l'analogue d'un sacrement ; et par suite toutes les fonctions pénales, depuis celle de juge jusqu'à celles de bourreau et de gardien de prison, devraient participer de quelque manière au sacerdoce.

La justice se définit dans le châtiment de la même manière que dans l'aumône. Elle consiste à faire attention au malheureux comme à un être et non pas comme à une chose, à désirer la préservation chez lui de la faculté de libre consentement.

Les hommes croient mépriser le crime et méprisent en réalité la faiblesse du malheur. Un être en qui se combinent l'un et l'autre leur permet de s'abandonner au mépris du malheur sous le prétexte de mépriser le crime. Il est ainsi l'objet du plus grand mépris. Le mépris est le contraire de l'attention. Il y a exception seulement s'il s'agit d'un crime qui pour une raison quelconque ait du prestige, comme c'est souvent le cas du meurtre à cause de la puissance passagère qu'il implique, ou qui n'excite pas vivement chez ceux qui jugent la notion de culpabilité. Le vol est le crime le plus dépourvu de prestige et qui cause le plus d'indignation, parce que la propriété est l'attachement le plus général et le plus puissant. Cela apparaît même dans le Code pénal.

Rien n'est au-dessous d'un être humain enveloppé d'une apparence vraie ou fausse de culpabilité et qui se trouve entièrement à la discrétion de quelques hommes qui en quelques mots décideront de son sort. Ces hommes ne font pas attention à lui. D'ailleurs, à partir du moment où un homme tombe aux mains de l'appareil pénal jusqu'au moment où il en sort – et ceux qu'on nomme les repris de justice, comme d'ailleurs les prostituées, n'en sortent presque jamais jusqu'à leur mort – il n'est jamais un objet d'attention. Tout est combiné jusque dans les plus petits détails, jusque dans les inflexions de voix, pour faire de lui aux yeux de tous et à ses propres yeux une chose vile, un objet de rebut. La brutalité et la légèreté, les termes de mépris et les plaisanteries, la manière de parler, la manière d'écouter et la manière de ne pas écouter, tout est également efficace.

Il n'y a là aucune méchanceté voulue. C'est l'effet automatique d'une vie professionnelle qui a pour objet le crime aperçu sous la forme du malheur, c'est-à-dire sous la forme où l'horreur de la souillure se trouve à nu. Un tel contact, étant ininterrompu, contamine nécessairement, et la forme de cette contamination est le mépris. C'est ce mépris qui rejaillit sur chaque accusé. L'appareil pénal est comme un appareil de transmission qui ferait rejaillir sur chaque accusé toute la quantité de souillure qu'enferme la totalité des milieux où habite le crime malheureux. Il y a dans le contact même avec l'appareil pénal une espèce d'horreur directement proportionnelle à l'innocence, à la partie de l'âme demeurée intacte. Ceux qui sont tout à fait pourris n'en reçoivent aucun dommage et n'en souffrent pas.

Il ne peut pas en être autrement s'il n'y a pas entre l'appareil pénal et le crime quelque chose qui purifie les souillures. Ce quelque chose ne peut être que Dieu. Seule la pureté infinie n'est pas contaminée par le contact du mal. Toute pureté finie, par ce contact prolongé, devient elle-même souillure. De quelque manière qu'on réforme le Codé, le châtiment ne peut pas être humain s'il ne passe pas par le Christ.

Le degré de sévérité des peines n'est pas ce qu'il y a de plus important. Dans les conditions actuelles, un condamné, bien que coupable et soumis à une peine relativement clémente eu égard à sa faute, peut être le plus souvent légitimement regardé comme ayant été victime d'une cruelle injustice. L'important est que la peine soit légitime, c'est-à-dire procède directement de la loi ; que la loi soit reconnue comme ayant un caractère divin, non pas par son contenu, mais en tant que loi ; que toute l'organisation de la justice pénale ait pour fin d'obtenir des magistrats et de leurs aides, pour l'accusé, l'attention et le respect dû par tout homme à quiconque se trouve à sa discrétion, et de l'accusé le consentement à la peine infligée, ce consentement dont le Christ innocent a donné le parfait modèle.

Une condamnation à mort pour une faute légère,

infligée de cette manière, serait moins horrible qu'aujourd'hui une condamnation à six mois de prison. Rien n'est plus affreux que le spectacle si fréquent d'un accusé, n'ayant dans la situation où il se trouve aucune ressource au monde sinon sa parole, mais incapable de manier la parole à cause de son origine sociale et de son manque de culture, abattu par la culpabilité, le malheur et la peur, balbutiant devant des juges qui n'écoutent pas et qui l'interrompent en faisant ostentation d'un langage raffiné.

Tant qu'il y aura du malheur dans la vie sociale, tant que l'aumône légale ou privée et le châtiment seront inévitables, la séparation entre les institutions civiles et la vie religieuse sera un crime. L'idée laïque prise en elle-même est tout à fait fausse. Elle n'a quelque légitimité que comme réaction contre une religion totalitaire. À cet égard il faut avouer qu'elle est pour une part légitime.

Pour pouvoir être, comme elle le doit, présente partout, la religion non seulement ne doit pas être totalitaire, mais doit se limiter elle-même rigoureusement au plan de l'amour surnaturel qui seul lui convient. Si elle le faisait, elle pénétrerait partout. La Bible dit : « La Sagesse pénètre partout à cause de sa parfaite pureté. »

Par l'absence du Christ la mendicité au sens le plus large et le fait pénal sont peut-être les choses les plus affreuses qu'il y ait sur cette terre, deux choses presque infernales. Elles ont la couleur même de l'enfer. On peut y joindre la prostitution, qui est au vrai mariage ce que sont l'aumône et le châtiment sans charité à l'aumône et au châtiment justes.

L'homme a reçu le pouvoir de faire du bien et du mal non seulement au corps, mais à l'âme de son semblable, à toute l'âme chez ceux en qui Dieu n'est pas présent, à toute la partie de l'âme qui n'est pas habitée par Dieu chez les autres. Si un homme habité par Dieu, par la puissance du mal ou simplement par le mécanisme charnel donne ou punit, ce qu'il porte en lui entre dans l'âme de l'autre à travers le pain ou le fer de l'épée. La matière du pain et le fer sont vierges, vides de bien et de mal, capables indifféremment de transmettre l'un et l'autre. Celui que le malheur contraint à recevoir le pain, à subir le coup, a l'âme exposée nue et sans défense à la fois au mal et au bien.

Il y a un seul moyen de ne jamais recevoir que du bien. C'est de savoir non pas abstraitement, mais avec toute l'âme que les hommes qui ne sont pas animés par la pure charité sont des rouages dans l'ordre du monde à la manière de la matière inerte. Dès lors tout vient directement de Dieu, soit à travers l'amour d'un homme, soit à travers l'inertie de la matière tangible ou psychique ; au travers de l'esprit ou de l'eau. Tout ce qui accroît l'énergie vitale en nous est comme le pain pour lequel le Christ remercie les justes ; tous les coups, les blessures et les mutilations sont comme une pierre lancée sur nous par la main même du Christ. Pain et pierre viennent du Christ, et pénétrant à l'intérieur de notre être font entrer en nous le Christ. Pain et pierre sont amour. Nous devons manger le pain et nous offrir à la pierre de manière qu'elle s'enfonce dans notre chair le plus avant possible. Si nous avons une armure capable de protéger notre âme contre les pierres lancées par le Christ, nous devons l'ôter et la jeter.

Amour de l'ordre du monde

L'amour de l'ordre du monde, de la beauté du monde, est ainsi le complément de l'amour du prochain.

Il procède du même renoncement, image du renoncement créateur de Dieu. Dieu fait exister cet univers en consentant à ne pas y commander, bien qu'il en ait le pouvoir, mais à laisser régner à sa place, d'une part la nécessité mécanique attachée à la matière, y compris la matière psychique de l'âme, d'autre part l'autonomie essentielle aux personnes pensantes.

Par l'amour du prochain nous imitons l'amour divin qui nous a créés nous-mêmes ainsi que tous nos semblables. Par l'amour de l'ordre du monde nous imitons l'amour divin qui a créé cet univers dont nous faisons partie.

L'homme n'a pas à renoncer à commander à la matière et aux âmes, puisqu'il n'en possède pas le pouvoir. Mais Dieu lui a conféré une image imaginaire de ce pouvoir, une divinité imaginaire, afin qu'il puisse lui aussi, bien qu'étant une créature, se vider de sa divinité.

Comme Dieu, étant hors de l'univers, en est en

même temps réellement le centre, de même chaque homme a une situation imaginaire au centre du monde. L'illusion de la perspective le situe au centre de l'espace ; une illusion pareille fausse en lui le sens du temps ; et encore une autre illusion pareille dispose autour de lui toute la hiérarchie des valeurs. Cette illusion s'étend même au sentiment de l'existence, à cause de la liaison intime, en nous, du sentiment de la valeur et du sentiment de l'être ; l'être nous paraît de moins en moins dense à mesure qu'il est plus loin de nous.

Nous abaissons à son rang, au rang de l'imagination trompeuse, la forme spatiale de cette illusion. Nous y sommes obligés ; autrement nous ne percevrions pas un seul objet, nous ne nous dirigerions même pas assez pour savoir faire un seul pas d'une manière consciente. Dieu nous procure ainsi le modèle de l'opération qui doit transformer toute notre âme. Comme nous apprenons tout enfants à abaisser, à réprimer cette illusion dans le sentiment de l'espace, nous devons en faire autant à l'égard du sentiment du temps, de la valeur, de l'être. Autrement nous sommes incapables, sous tous les aspects autres que celui de l'espace, de discerner un seul objet, de diriger un seul pas.

Nous sommes dans l'irréalité, dans le rêve. Renoncer à notre situation centrale imaginaire, y renoncer non seulement par l'intelligence, mais aussi dans la partie imaginative de l'âme, c'est s'éveiller au réel, à l'éternel, voir la vraie lumière, entendre le vrai silence. Une transformation s'opère alors à la racine même de la sensibilité, dans la manière immédiate de recevoir les impressions sensibles et les impressions psychologiques. Une transformation analogue à celle qui se produit quand le soir, sur une route, à l'endroit où nous avions cru apercevoir un homme accroupi, nous discernons soudain un arbre ; ou quand, ayant cru entendre un chuchotement, nous discernons un froissement de feuilles. On voit les mêmes couleurs, on entend les mêmes sons, mais non pas de la même manière.

Se vider de sa fausse divinité, se nier soi-même, renoncer à être en imagination le centre du monde, discerner tous les points du monde comme étant des centres au même titre et le véritable centre comme étant hors du monde, c'est consentir au règne de la nécessité mécanique dans la matière et du libre choix au centre de chaque âme. Ce consentement est amour. La face de cet amour tournée vers les personnes pensantes est charité du prochain ; la face tournée vers la matière est amour de l'ordre du monde, ou, ce qui est la même chose, amour de la beauté du monde.

Dans l'Antiquité, l'amour de la beauté du monde tenait une très grande place dans les pensées et enveloppait la vie tout entière d'une merveilleuse poésie. Il en fut ainsi dans tous les peuples, en Chine, en Inde, en Grèce. Le stoïcisme grec, qui fut quelque chose de merveilleux et dont le christianisme primitif était infiniment proche, surtout la pensée de saint Jean, était à peu près exclusivement amour de la beauté du monde. Quant à Israël, certains endroits de l'Ancien Testament, dans les Psaumes, dans le livre de Job, dans Isaïe, dans les livres sapientiaux, enferment une expression incomparable de la beauté du monde.

L'exemple de saint François montre quelle place la beauté du monde peut tenir dans une pensée chrétienne. Non seulement son poème est de la poésie parfaite, mais toute sa vie fut de la poésie parfaite en action. Par exemple son choix des sites pour les retraites solitaires ou pour la fondation des couvents était par lui-même la plus belle poésie en acte. Le vagabondage, la pauvreté étaient poésie chez lui ; il se mit nu pour être en contact immédiat avec la beauté du monde.

Chez saint Jean de la Croix on trouve aussi quelques beaux vers sur la beauté du monde. Mais d'une manière générale, en faisant les réserves convenables pour les trésors inconnus ou peu connus peut-être enfouis parmi les choses oubliées du Moyen Âge, on peut dire que la beauté du monde est presque absente de la tradition chrétienne. Cela est étrange. La cause en est difficile à comprendre. C'est une lacune terrible. Comment le christianisme aurait-il droit de se dire catholique, si l'univers lui-même en est absent ?

Il est vrai qu'il est peu question de la beauté du monde dans l'Évangile. Mais dans ce texte si court qui, comme le dit saint Jean, est très loin de renfermer tous les enseignements du Christ, les disciples ont sans doute jugé inutile de mettre ce qui concernait un sentiment tellement répandu partout.

Cependant il en est question deux fois. Une fois le Christ prescrit de contempler et d'imiter les lis et les oiseaux pour leur indifférence à l'avenir, pour leur docilité au destin ; une autre fois, de contempler et d'imiter la distribution indiscriminée de la pluie et de la lumière du soleil.

La Renaissance a cru renouer les liens spirituels avec l'Antiquité par-dessus le christianisme, mais elle n'a guère pris à l'Antiquité que les produits seconds de son inspiration, l'art, la science et la curiosité à l'égard des choses humaines ; elle en a à peine effleuré l'inspiration centrale. Elle n'a pas retrouvé le contact avec la beauté du monde.

Aux XIe et XIIe siècles il y avait eu le début d'une renaissance qui aurait été la vraie si elle avait pu porter des fruits ; elle commençait à germer notamment dans le Languedoc. Certains vers des troubadours sur le printemps font penser qu'en ce cas l'inspiration chrétienne et l'amour de la beauté du monde n'auraient peut-être pas été séparés. D'ailleurs, l'esprit occitanien mit sa marque en Italie et n'a peut-être pas été étranger à l'inspiration franciscaine. Mais, soit coïncidence, soit plus probablement liaison de cause à effet, ces germes ne survécurent nulle part à la guerre des Albigeois, sinon à l'état de vestiges.

Aujourd'hui, on pourrait croire que la race blanche a presque perdu la sensibilité à la beauté du monde, et qu'elle a pris à tâche de la faire disparaître dans tous les continents où elle a porté ses armes, son commerce et sa religion. Comme disait le Christ aux pharisiens : « Malheur à vous ! vous avez enlevé la clef de la connaissance ; vous n'entrez pas et vous ne laissez pas entrer les autres. »

Et pourtant à notre époque, dans les pays de race

blanche, la beauté du monde est presque la seule voie par laquelle on puisse laisser pénétrer Dieu. Car nous sommes encore bien plus éloignés des deux autres. L'amour et le respect véritables des pratiques religieuses est rare chez ceux mêmes qui y sont assidus, et ne se trouvent presque jamais chez les autres. La plupart n'en conçoivent même pas la possibilité. En ce qui concerne l'usage surnaturel du malheur, la compassion et la gratitude sont non seulement choses rares, mais devenues aujourd'hui pour presque tous presque inintelligibles. L'idée même en a presque disparu ; la signification même des mots est devenue basse.

Au lieu que le sentiment du beau, quoique mutilé, déformé et souillé, demeure irréductiblement dans le cœur de l'homme comme un puissant mobile. Il est présent dans toutes les préoccupations de la vie profane. S'il était rendu authentique et pur, il transporterait d'un bloc toute la vie profane aux pieds de Dieu, il rendrait possible l'incarnation totale de la foi.

D'ailleurs d'une manière générale la beauté du monde est la voie la plus commune, la plus facile, la plus naturelle.

Comme Dieu se précipite en toute âme dès qu'elle est entrouverte pour aimer et servir à travers elle les malheureux, de même aussi il s'y précipite pour aimer et admirer à travers elle la beauté sensible de sa propre création.

Mais le contraire est encore plus vrai. L'inclination naturelle de l'âme à aimer la beauté est le piège le plus fréquent dont se sert Dieu pour l'ouvrir au souffle d'en haut.

C'est le piège où fut prise Corê. Le parfum du narcisse faisait sourire le ciel tout entier là-haut, et la terre entière, et tout le gonflement de la mer. À peine la pauvre jeune fille eut-elle tendu la main qu'elle fut prise au piège. Elle était tombée aux mains du Dieu vivant. Quand elle en sortit, elle avait mangé le grain de grenade qui la liait pour toujours. Elle n'était plus vierge ; elle était l'épouse de Dieu.

La beauté du monde est l'orifice du labyrinthe. L'imprudent qui, étant entré, fait quelques pas, est après quelque temps hors d'état de retrouver l'orifice. Épuisé, sans rien à manger ni à boire, dans les ténèbres, séparé de ses proches, de tout ce qu'il aime, de tout ce qu'il connaît, il marche sans rien savoir, sans espérance, incapable même de se rendre compte s'il marche vraiment ou s'il tourne sur place. Mais ce malheur n'est rien auprès du danger qui le menace. Car s'il ne perd pas courage, s'il continue à marcher, il est tout à fait sûr qu'il arrivera finalement au centre du labyrinthe. Et là, Dieu l'attend pour le manger. Plus tard il ressortira, mais changé, devenu autre, ayant été mangé et digéré par Dieu. Il se tiendra alors auprès de l'orifice pour y pousser doucement ceux qui s'approchent.

La beauté du monde n'est pas un attribut de la matière en elle-même. C'est un rapport du monde à notre sensibilité, cette sensibilité qui tient à la structure de notre corps et de notre âme. Le Micromégas de Voltaire, un infusoire pensant n'auraient aucun accès à la beauté dont nous nous nourrissons dans l'univers. Au cas où de tels êtres existeraient, il faut avoir foi que le monde serait beau aussi pour eux ; mais ce serait une autre beauté. De toute manière il faut avoir foi que l'univers est beau à toutes les échelles ; et plus généralement qu'il a la plénitude de la beauté par rapport à la structure corporelle et psychique de chacun des êtres pensants qui existent en fait et de tous les êtres pensants possibles. C'est même cette concordance d'une infinité de beautés parfaites qui fait le caractère transcendant de la beauté du monde. Néanmoins ce que nous éprouvons de cette beauté a été destiné à notre sensibilité humaine.

La beauté du monde est la coopération de la Sagesse divine à la création. « Zeus a achevé toutes choses, dit un vers orphique, et Bacchus les a parachevées. » Le parachèvement, c'est la création de la beauté. Dieu a créé l'univers, et son Fils, notre frère premier-né, en a créé la beauté pour nous. La beauté du monde, c'est le sourire de tendresse du Christ pour nous à travers la matière. Il est réellement présent dans la beauté universelle. L'amour de cette beauté procède de Dieu descendu dans notre âme et va vers Dieu présent dans l'univers. C'est aussi quelque chose comme un sacrement.

Il n'en est ainsi que de la beauté universelle. Mais, excepté Dieu, seul l'univers tout entier peut avec une entière propriété de termes être nommé beau. Tout ce qui est dans l'univers et moindre que l'univers peut être nommé beau seulement en étendant ce mot au-delà de sa signification rigoureuse, aux choses qui ont indirectement part à la beauté, qui en sont des imitations.

Toutes ces beautés secondaires sont d'un prix infini comme ouvertures sur la beauté universelle. Mais si on s'arrête à elles, elles sont au contraire des voiles ; elles sont alors corruptrices. Toutes enferment plus ou moins cette tentation, mais à des degrés très divers.

Il y a aussi quantité de facteurs de séduction qui sont tout à fait étrangers à la beauté, mais à cause desquels, par manque de discernement, on nomme belles les choses où ils résident. Car ils attirent l'amour par fraude, et tous les hommes nomment beau tout ce qu'ils aiment. Tous les hommes, même les plus ignorants, même les plus vils, savent que la beauté seule a droit à notre amour. Les plus authentiquement grands le savent aussi. Aucun homme n'est au-dessous ni au-dessus de la beauté. Les mots qui expriment la beauté viennent aux lèvres de tous dès qu'ils veulent louer ce qu'ils aiment. Ils savent seulement plus ou moins bien la discerner.

La beauté est la seule finalité ici-bas. Comme Kant a très bien dit, c'est une finalité qui ne contient aucune fin. Une chose belle ne contient aucun bien, sinon elle-même, dans sa totalité, telle qu'elle nous apparaît. Nous allons vers elle sans savoir quoi lui demander. Elle nous offre sa propre existence. Nous ne désirons pas autre chose, nous possédons cela, et pourtant nous désirons encore. Nous ignorons tout à fait quoi. Nous voudrions aller derrière la beauté, mais elle n'est que surface. Elle est comme un miroir qui nous renvoie notre propre désir du bien.

Elle est un sphinx, une énigme, un mystère douloureusement irritant. Nous voudrions nous en nourrir, mais elle n'est qu'objet de regard, elle n'apparaît qu'à une certaine distance. La grande douleur de la vie humaine, c'est que regarder et manger soient deux opérations différentes. De l'autre côté du ciel seulement, dans le pays habité par Dieu, c'est une seule et même opération. Déjà les enfants, quand ils regardent longtemps un gâteau et le prennent presque à regret pour le manger, sans pouvoir pourtant s'en empêcher, éprouvent cette douleur. Peut-être les vices, les dépravations et les crimes sont-ils presque toujours ou même toujours dans leur essence des tentatives pour manger la beauté, manger ce qu'il faut seulement regarder. Ève avait commencé. Si elle a perdu l'humanité en mangeant un fruit, l'attitude inverse, regarder un fruit sans le manger, doit être ce qui sauve. « Deux compagnons ailés, dit une Upanishad, deux oiseaux sont sur une branche d'arbre. L'un mange les fruits, l'autre les regarde. » Ces deux oiseaux sont les deux parties de notre âme.

C'est parce que la beauté ne contient aucune fin qu'elle constitue ici-bas l'unique finalité. Car ici-bas il n'y a pas du tout de fins. Toutes ces choses que nous prenons pour des fins sont des moyens. C'est là une vérité évidente. L'argent est un moyen d'acheter, le pouvoir est un moyen de commander. Il en est ainsi, plus ou moins visiblement, de tout ce que nous nommons des biens.

La beauté seule n'est pas un moyen pour autre chose. Seule elle est bonne en elle-même, mais sans que nous trouvions en elle aucun bien. Elle semble être elle-même une promesse et non un bien. Mais elle ne donne qu'elle-même, elle ne donne jamais autre chose.

Néanmoins, comme elle est l'unique finalité, elle est présente dans toutes les poursuites humaines. Bien que toutes pourchassent seulement des moyens, car tout ce qui existe ici-bas est seulement moyen, la beauté leur donne un éclat qui les colore de finalité. Autrement il ne pourrait pas y avoir désir, ni par conséquent énergie dans la poursuite.

Pour l'avare du genre Harpagon, toute la beauté du monde est enfermée dans l'or. Et réellement l'or, matière pure et brillante, a quelque chose de beau. La disparition de l'or comme monnaie semble avoir fait disparaître aussi ce genre d'avarice. Aujourd'hui, ceux qui amassent sans dépenser cherchent du pouvoir.

La plupart de ceux qui recherchent la richesse y joignent la pensée du luxe. Le luxe est la finalité de la richesse. Et le luxe est la beauté elle-même pour toute une espèce d'hommes. Il constitue l'entourage dans lequel seulement ils peuvent sentir vaguement que l'univers est beau ; de même que saint François, pour sentir que l'univers est beau, avait besoin d'être vagabond et mendiant. L'un et l'autre moyen serait également légitime si dans l'un et l'autre cas la beauté du monde était éprouvée d'une manière aussi directe, aussi pure, aussi pleine ; mais heureusement Dieu a voulu qu'il n'en fût pas ainsi. La pauvreté a un privilège. C'est là une disposition providentielle sans laquelle l'amour de la beauté du monde serait facilement en contradiction avec l'amour du prochain. Néanmoins l'horreur de la pauvreté – et toute diminution de richesse peut être ressentie comme pauvreté ou même le non-accroissement – est essentiellement l'horreur de la laideur. L'âme que les circonstances empêchent de rien sentir, même confusément, même à travers le mensonge, de la beauté du monde, est envahie jusqu'au centre par une espèce d'horreur.

L'amour du pouvoir revient au désir d'établir un ordre parmi les hommes et les choses autour de soi, dans un cadre grand ou petit, et cet ordre est désirable par l'effet du sentiment du beau. Dans ce cas comme dans celui du luxe, il s'agit d'imprimer à un certain milieu fini, mais que souvent on désire continuellement accroître, un arrangement qui donne l'impression de la beauté universelle. L'insatisfaction, le désir d'accroissement, a précisément pour cause qu'on désire le contact de la beauté universelle, alors que le milieu qu'on organise n'est pas l'univers. Il n'est pas l'univers et il le cache. L'univers tout autour est comme un décor de théâtre.

Valéry, dans le poème intitulé « Sémiramis », fait très bien sentir le lien entre l'exercice de la tyrannie et l'amour du beau. Louis XIV, en dehors de la guerre, instrument d'accroissement du pouvoir, ne s'intéressait qu'aux fêtes et à l'architecture. La guerre elle-même d'ailleurs, surtout telle qu'elle était autrefois, touche d'une manière vive et poignante la sensibilité au beau.

L'art est une tentative pour transporter dans une

quantité finie de matière modelée par l'homme une image de la beauté infinie de l'univers entier. Si la tentative est réussie, cette portion de matière ne doit pas cacher l'univers, mais au contraire en révéler la réalité tout autour.

Les œuvres d'art qui ne sont pas des reflets justes et purs de la beauté du monde, des ouvertures directes pratiquées sur elle, ne sont pas à proprement parler belles ; elles ne sont pas de premier ordre ; leurs auteurs peuvent avoir beaucoup de talent, mais non pas authentiquement du génie. C'est le cas de beaucoup d'œuvres d'art parmi les plus célèbres et les plus vantées. Tout véritable artiste a eu un contact réel, direct, immédiat avec la beauté du monde, ce contact qui est quelque chose comme un sacrement. Dieu a inspiré toute œuvre d'art de premier ordre, le sujet en fût-il mille fois profane ; il n'a inspiré aucune des autres. En revanche, parmi les autres, l'éclat de la beauté qui recouvre certaines pourrait bien être un éclat diabolique.

La science a pour objet l'étude et la reconstruction théorique de l'ordre du monde. L'ordre du monde par rapport à la structure mentale, psychique et corporelle de l'homme ; contrairement aux illusions naïves de certains savants, ni l'emploi des télescopes et des microscopes, ni l'usage des formules algébriques les plus singulières, ni même le mépris du principe de non-contradiction ne permettent de sortir des limites de cette structure. Ce n'est d'ailleurs pas désirable. L'objet de la science, c'est la présence dans l'univers de la Sagesse dont nous sommes les frères, la présence du Christ au travers de la matière qui constitue le monde.

Nous reconstruisons nous-mêmes l'ordre du monde en image, à partir de données limitées, dénombrables, rigoureusement définies. Entre ces termes abstraits et par là maniables pour nous, nous nouons nous-mêmes des liens en concevant des rapports. Nous pouvons ainsi contempler dans une image, image dont l'existence même est suspendue à l'acte de notre attention, la nécessité qui est la substance même de l'univers, mais qui comme telle ne se manifeste à nous que par des coups.

On ne contemple pas sans quelque amour. La contemplation de cette image de l'ordre du monde constitue un certain contact avec la beauté du monde. La beauté du monde, c'est l'ordre du monde aimé.

Le travail physique constitue un contact spécifique avec la beauté du monde, et même, dans les meilleurs moments, un contact d'une plénitude telle que nul équivalent ne peut s'en trouver ailleurs. L'artiste, le savant, le penseur, le contemplatif doivent pour admirer réellement l'univers percer cette pellicule d'irréalité qui le voile et en fait pour presque tous les hommes, à presque tous les moments de leur vie, un rêve ou un décor de théâtre. Ils le doivent, mais le plus souvent ne le peuvent pas. Celui qui a les membres rompus par l'effort d'une journée de travail, c'est-à-dire d'une journée où il a été soumis à la matière, porte dans sa chair comme une épine la réalité de l'univers.

La difficulté pour lui est de regarder et d'aimer ; s'il y arrive, il aime le réel.

C'est l'immense privilège que Dieu a réservé à ses pauvres. Mais ils ne le savent presque jamais. On ne le leur dit pas. L'excès de fatigue, le souci harcelant de l'argent et le manque de vraie culture les empêchent de s'en apercevoir. Il suffirait de changer peu de chose à leur condition pour leur ouvrir l'accès d'un trésor. Il est déchirant de voir combien il serait facile aux hommes dans bien des cas de procurer à leurs semblables un trésor, et comment ils laissent passer les siècles sans en prendre la peine.

À l'époque où il y avait une civilisation populaire dont nous collectionnons aujourd'hui les miettes comme pièces de musée sous le nom de folklore, le peuple avait sans doute accès à ce trésor. La mythologie aussi, qui est très proche parente du folklore, en est un témoignage, si on en déchiffre la poésie.

L'amour charnel sous toutes ses formes, de la plus haute, véritable mariage ou amour platonique, jusqu'à la plus basse, jusqu'à la débauche, a pour objet la beauté du monde. L'amour qui s'adresse au spectacle des cieux, des plaines, de la mer, des montagnes, au silence de la nature rendu sensible par ses mille bruits légers, aux souffles des vents, à la chaleur du soleil, cet amour que tout être humain pressent tout au moins vaguement un moment, c'est un amour incomplet, douloureux, parce qu'il s'adresse à des choses incapables de répondre, à de la matière. Les hommes désirent reporter ce même amour sur un être qui soit leur semblable, capable de répondre à l'amour, de dire oui, de se livrer. Le sentiment de beauté parfois lié à l'aspect d'un être humain rend ce transfert possible tout au moins d'une manière illusoire. Mais c'est la beauté du monde, la beauté universelle vers laquelle se dirige le désir.

Cette espèce de transfert est ce qu'exprime toute la littérature qui entoure l'amour, depuis les métaphores et les comparaisons les plus anciennes, les plus usées de la poésie jusqu'aux analyses subtiles de Proust.

Le désir d'aimer dans un être humain la beauté du monde est essentiellement le désir de l'Incarnation. C'est par erreur qu'il croit être autre chose. L'Incarnation seule peut le satisfaire. Aussi est-ce bien à tort qu'on reproche parfois aux mystiques d'employer le langage amoureux. C'est eux qui en sont les légitimes propriétaires. Les autres n'ont droit qu'à l'emprunter.

Si l'amour charnel à tous les niveaux va plus ou moins vers la beauté – et les exceptions ne sont peut-être qu'apparentes – c'est que la beauté dans un être humain fait de lui pour l'imagination quelque chose comme un équivalent de l'ordre du monde.

C'est pour cela que les péchés dans ce domaine sont graves. Ils constituent une offense à Dieu du fait même que l'âme est inconsciemment en train de chercher Dieu. D'ailleurs, ils se ramènent tous à un seul qui consiste à vouloir plus ou moins se passer du consentement. Vouloir s'en passer tout à fait est parmi tous les crimes humains de beaucoup le plus affreux. Quoi de plus horrible que de ne pas respecter le consentement d'un être en qui on cherche, bien que sans le savoir, un équivalent de Dieu ?

C'est un crime encore, quoique moins grave, de se contenter d'un consentement issu d'une région basse ou superficielle de l'âme. Qu'il y ait ou non union charnelle, l'échange d'amour est illégitime si de part et d'autre le consentement ne procède pas de ce point central de l'âme où le oui ne peut être qu'éternel. L'obligation du mariage, que l'on regarde aujourd'hui si souvent comme une simple convention sociale, est inscrite dans la nature même de la pensée humaine par l'affinité entre l'amour charnel et la beauté. Tout ce qui a quelque rapport à la beauté doit être soustrait au cours du temps. La beauté est l'éternité ici-bas.

Il n'est pas étonnant que l'homme ait si souvent dans la tentation le sentiment d'un absolu qui le dépasse infiniment, auquel on ne peut résister. L'absolu est bien là. Mais on fait erreur en croyant qu'il réside dans le plaisir.

L'erreur est l'effet de ce transfert d'imagination qui est le mécanisme capital de la pensée humaine. L'esclave dont parle Job, qui dans la mort cessera d'entendre la voix de son maître, croit que cette voix lui fait mal. Ce n'est que trop vrai. La voix ne lui fait que trop mal. Pourtant il fait erreur. La voix par elle-même n'est pas douloureuse. S'il n'était pas esclave elle ne lui causerait aucune peine. Mais parce qu'il est esclave, la douleur et la brutalité des coups de fouet entre avec la voix par l'ouïe jusqu'au fond de l'âme. Il ne peut y faire obstacle. Le malheur a noué ce lien.

De même l'homme qui croit être maîtrisé par le plaisir est maîtrisé en réalité par l'absolu qu'il y a logé. Cet absolu est au plaisir comme les coups de fouet à la voix du maître ; mais la liaison n'est pas ici l'effet du malheur, elle est l'effet d'un crime initial, un crime d'idolâtrie. Saint Paul a marqué la parenté entre le vice et l'idolâtrie.

Celui qui a logé l'absolu dans le plaisir ne peut pas ne pas en être maîtrisé. L'homme ne lutte pas contre l'absolu. Celui qui a su loger l'absolu hors du plaisir possède la perfection de la tempérance.

Les différentes espèces de vices, l'usage de stupéfiants au sens littéral ou métaphorique du mot, tout cela constitue la recherche d'un état où la beauté du monde soit sensible. L'erreur consiste précisément dans la recherche d'un état spécial. La fausse mystique est aussi une forme de cette erreur. Si l'erreur est assez enfoncée dans l'âme, l'homme ne peut pas ne pas y succomber.

D'une manière générale tous les goûts des hommes, depuis les plus coupables jusqu'aux plus innocents, depuis les plus communs jusqu'aux plus singuliers, ont rapport à un ensemble de circonstances, à un milieu où il leur semble avoir accès à la beauté du monde. Le privilège de tel ou tel ensemble de circonstances est dû au tempérament, aux traces de la vie passée, à des causes le plus souvent impossibles à connaître.

Il n'y a qu'un cas, d'ailleurs fréquent, où l'attrait

du plaisir sensible n'est pas celui du contact avec la beauté ; c'est quand il procure au contraire un refuge contre elle.

L'âme ne cherche que le contact avec la beauté du monde, ou, à un niveau plus élevé encore, avec Dieu ; mais en même temps elle le fuit. Quand l'âme fuit quelque chose, elle fuit toujours, soit l'horreur de la laideur, soit le contact avec ce qui est vraiment pur. Car tout ce qui est médiocre fuit la lumière ; et dans toutes les âmes, excepté celles qui sont proches de la perfection, il y a une grande partie médiocre. Cette partie est prise de panique toutes les fois qu'apparaît un peu de beau pur, de bien pur ; elle se cache derrière la chair, elle la prend comme voile. Comme un peuple belliqueux a réellement besoin, pour réussir dans ses entreprises conquérantes, de recouvrir son agression d'un prétexte quelconque, la qualité du prétexte étant d'ailleurs tout à fait indifférente, de même la partie médiocre de l'âme a besoin d'un léger prétexte pour fuir la lumière. L'attrait du plaisir, la crainte de la douleur fournissent ce prétexte. Là encore, ce n'est pas le plaisir, c'est l'absolu qui maîtrise l'âme, mais comme objet de répulsion et non plus comme objet d'attirance. Très souvent aussi dans la recherche du plaisir charnel les deux mouvements se combinent, le mouvement de courir vers la beauté pure et le mouvement de fuir loin d'elle, dans un enchevêtrement indiscernable.

De toute manière dans les occupations humaines quelles qu'elles soient, le souci de la beauté du monde, aperçue dans des images plus ou moins difformes ou souillées, n'est jamais absent. Par suite il n'y a pas dans la vie humaine de région qui soit le domaine de la nature. Le surnaturel est présent partout en secret ; sous mille formes diverses la grâce et le péché mortel sont partout.

Entre Dieu et ces recherches partielles, inconscientes, parfois criminelles de la beauté, la seule médiation est la beauté du monde. Le christianisme ne s'incarnera pas tant qu'il ne se sera pas adjoint la pensée stoïcienne, la piété filiale pour la cité du monde, pour la patrie d'ici-bas qui est l'univers. Le jour où, par l'effet d'un malentendu aujourd'hui bien difficile à comprendre, le christianisme s'est séparé du stoïcisme, il s'est condamné à une existence abstraite et séparée.

Les accomplissements même les plus élevés de la recherche de la beauté, par exemple dans l'art ou la science, ne sont pas réellement beaux. La seule beauté réelle, la seule beauté qui soit présence réelle de Dieu, c'est la beauté de l'univers. Rien de ce qui est plus petit que l'univers n'est beau.

L'univers est beau comme serait belle une œuvre d'art parfaite s'il pouvait y en avoir une qui méritât ce nom. Aussi ne contient-il rien qui puisse constituer une fin ou un bien. Il ne contient aucune finalité, hors la beauté universelle elle-même. C'est la vérité essentielle à connaître concernant cet univers, qu'il est absolument vide de finalité. Aucun rapport de finalité n'y est applicable, sinon par mensonge ou par erreur.

Dans un poème, si l'on demande pourquoi tel mot est à tel endroit, et s'il y a une réponse, ou bien le poème n'est pas de premier ordre, ou bien le lecteur n'a rien compris. Si on peut dire légitimement que le mot est là où il est pour exprimer telle idée, ou pour la liaison grammaticale, ou pour la rime, ou pour une allitération, ou pour remplir le vers, ou pour une certaine coloration, ou même pour plusieurs motifs de ce genre à la fois, il y a eu recherche de l'effet dans la composition du poème, il n'y a pas eu véritable inspiration. Pour un poème vraiment beau, la seule réponse, c'est que le mot est là parce qu'il convenait qu'il y fût. La preuve de cette convenance, c'est qu'il est là, et que le poème est beau. Le poème est beau, c'est-à-dire que le lecteur ne souhaite pas qu'il soit autre.

C'est ainsi que l'art imite la beauté du monde. La convenance des choses, des êtres, des événements consiste seulement en ceci, qu'ils existent et que nous ne devons pas souhaiter qu'ils n'existent pas ou qu'ils aient été autres. Un tel souhait est une impiété à l'égard de notre patrie universelle, un manquement à l'amour stoïcien de l'univers. Nous sommes constitués d'une manière telle que cet amour est en fait possible ; et c'est cette possibilité qui a pour nom la beauté du monde.

La question de Beaumarchais : « Pourquoi ces choses et non pas d'autres ? » n'a jamais de réponse, parce que l'univers est vide de finalité. L'absence de finalité, c'est le règne de la nécessité. Les choses ont des causes et non des fins. Ceux qui croient discerner des desseins particuliers de la Providence ressemblent aux professeurs qui se livrent aux dépens d'un beau poème à ce qu'ils nomment l'explication du texte.

L'équivalent dans l'art de ce règne de la nécessité, c'est la résistance de la matière et les règles arbitraires. La rime impose au poète dans le choix des mots une direction absolument sans rapport avec la suite des idées. Elle a dans la poésie une fonction peut-être analogue à celle du malheur dans la vie. Le malheur force à sentir avec toute l'âme l'absence de la finalité.

Si l'orientation de l'âme est l'amour, plus on contemple la nécessité, plus on en serre contre soi, à même la chair, la dureté et le froid métalliques, plus on s'approche de la beauté du monde. C'est ce qu'éprouve Job. C'est parce qu'il fut si honnête dans sa souffrance, parce qu'il n'admit en lui-même aucune pensée susceptible d'en altérer la vérité, que Dieu descendit vers lui pour lui révéler la beauté du monde.

C'est parce que l'absence de finalité, l'absence d'intention est l'essence de la beauté du monde que le Christ nous a prescrit de regarder comment la pluie et la lumière du soleil descendent sans discrimination sur les justes et les méchants. Cela rappelle le cri suprême de Prométhée : « Ciel par qui pour tous la commune lumière tourne. » Le Christ nous commande d'imiter cette beauté. Platon dans le *Timée* nous conseille aussi de nous rendre à force de contemplation semblables à la beauté du monde, semblables à l'harmonie des mouvements circulaires qui font succéder et revenir les jours et les nuits, les mois, les saisons, les années. Dans ces mouvements circulaires aussi, dans leur combinaison, l'absence d'intention et de finalité est manifeste ; et la beauté pure y resplendit.

C'est parce qu'il peut être aimé par nous, c'est parce qu'il est beau que l'univers est une patrie. C'est notre unique patrie ici-bas. Cette pensée est l'essence de la sagesse des stoïciens. Nous avons une patrie céleste. Mais en un sens elle est trop difficile à aimer, parce que nous ne la connaissons pas ; surtout, en un sens, elle est trop facile à aimer, parce que nous pouvons l'imaginer comme il nous plaît. Nous risquons d'aimer sous ce nom une fiction. Si l'amour de cette fiction est assez fort, il rend toute vertu facile, mais aussi de peu de valeur. Aimons la patrie d'ici-bas. Elle est réelle ; elle résiste à l'amour. C'est elle que Dieu nous a donné à aimer. Il a voulu qu'il fût difficile et cependant possible de l'aimer.

Nous nous sentons ici-bas étrangers, déracinés, en exil. De même Ulysse, que des marins avaient transporté pendant son sommeil, s'éveillait dans un pays inconnu, et désirait Ithaque d'un désir qui lui déchirait l'âme. Soudain Athéna lui dessilla les yeux, et il s'aperçut qu'il était dans Ithaque. De même tout homme qui désire infatigablement sa patrie, qui n'est distrait de son désir ni par Calypso ni par les Sirènes, s'aperçoit soudain un jour qu'il est dans sa patrie.

L'imitation de la beauté du monde, la réponse à l'absence de finalité, d'intention, de discrimination, c'est l'absence d'intention en nous, c'est la renonciation à la volonté propre. Être parfaitement obéissants, c'est être parfaits comme notre Père céleste est parfait.

Parmi les hommes, un esclave ne se rend pas semblable à son maître en lui obéissant. Au contraire, plus il est soumis, plus est grande la distance entre lui et celui qui commande.

Il en est autrement de l'homme à Dieu. Une créature raisonnable devient autant qu'il lui appartient l'image parfaite du Tout-Puissant si elle est absolument obéissante.

Ce qui en l'homme est l'image même de Dieu, c'est quelque chose qui en nous est attaché au fait d'être une personne, mais qui n'est pas ce fait lui-même. C'est la faculté de renoncement à la personne. C'est l'obéissance.

Toutes les fois qu'un homme s'élève à un degré d'excellence qui fait de lui par participation un être divin, il apparaît en lui quelque chose d'impersonnel, d'anonyme. Sa voix s'enveloppe de silence. Cela est manifeste dans les grandes œuvres de l'art et de la pensée, dans les grandes actions des saints et dans leurs paroles.

Il est donc vrai en un sens qu'il faut concevoir Dieu comme impersonnel, en ce sens qu'Il est le modèle divin d'une personne qui se dépasse elle-même en se renonçant. Le concevoir comme une personne toute-puissante, ou bien, sous le nom du Christ, comme une personne humaine, c'est s'exclure du véritable amour de Dieu. C'est pourquoi il faut aimer la perfection du Père céleste dans la diffusion égale de la lumière du soleil. Le modèle divin, absolu, de ce renoncement en nous qui est l'obéissance, tel est le principe créateur et ordonnateur de l'univers, telle est la plénitude de l'être.

C'est parce que le renoncement à être une personne fait de l'homme le reflet de Dieu qu'il est si affreux de réduire les hommes à l'état de matière inerte en les précipitant dans le malheur. Avec la qualité de personne humaine, on leur enlève la possibilité d'y renoncer, excepté ceux qui sont déjà suffisamment préparés. Comme Dieu a créé notre autonomie pour que nous ayons la possibilité d'y renoncer par amour, pour la même raison nous devons vouloir la conservation de l'autonomie chez nos semblables. Celui qui est parfaitement obéissant tient pour infiniment précieuse la faculté de libre choix dans les hommes.

De même il n'y a pas contradiction entre l'amour de la beauté du monde et la compassion. Cet amour n'empêche pas de souffrir pour soi-même quand on est malheureux. Il n'empêche pas non plus de souffrir parce que d'autres sont malheureux. Il est sur un autre plan que la souffrance.

L'amour de la beauté du monde, tout en étant universel, entraîne comme amour secondaire et subordonné à lui-même l'amour de toutes les choses vraiment précieuses que la mauvaise fortune peut détruire. Les choses vraiment précieuses ce sont celles qui constituent des échelons vers la beauté du monde, des ouvertures sur elle. Celui qui est allé plus loin, jusqu'à la beauté du monde elle-même, ne leur porte pas un amour moindre, mais beaucoup plus grand qu'auparavant.

De ce nombre sont les accomplissements purs et

authentiques de l'art et de la science. D'une manière beaucoup plus générale, c'est tout ce qui enveloppe de poésie la vie humaine à travers toutes les couches sociales. Tout être humain est enraciné ici-bas par une certaine poésie terrestre, reflet de la lumière céleste, qui est son lien plus ou moins vaguement senti avec sa patrie universelle. Le malheur est le déracinement.

Les cités humaines principalement, chacune plus ou moins selon son degré de perfection, enveloppent de poésie la vie de leurs habitants. Elles sont des images et des reflets de la cité du monde. Au reste, plus elles ont la forme de nation, plus elles prétendent à être elles-mêmes des patries, plus elles sont des images difformes et souillées. Mais détruire des cités, soit matériellement, soit moralement, ou bien exclure des êtres humains de la cité en les précipitant parmi les déchets sociaux, c'est couper tout lien de poésie et d'amour entre des âmes humaines et l'univers. C'est les plonger de force dans l'horreur de la laideur. Il n'y a guère de crime plus grand. Nous avons tous par complicité part à une quantité presque innombrable de tels crimes. Nous devrions tous, si seulement nous pouvions comprendre, en pleurer des larmes de sang.

Amour des pratiques religieuses

L'amour de la religion instituée, quoique le nom de Dieu y soit nécessairement présent, n'est pourtant pas par lui-même un amour explicite, mais implicite de Dieu. Car il n'enferme pas un contact direct, immédiat avec Dieu. Dieu est présent dans les pratiques religieuses, quand elles sont pures, de la même manière que dans le prochain et dans la beauté du monde ; non pas davantage.

La forme que prend dans l'âme l'amour de la religion diffère beaucoup selon les circonstances de la vie. Certaines circonstances empêchent que cet amour prenne même naissance ou bien le tuent avant qu'il ait pu prendre beaucoup de force. Certains hommes contractent malgré eux, dans le malheur, la haine et le mépris de la religion, parce que la cruauté, l'orgueil ou la corruption de certains de ses ministres les ont fait souffrir. D'autres ont été élevés dès leur enfance dans un milieu imprégné de cet esprit. Il faut penser qu'en pareil cas, par la miséricorde de Dieu, l'amour du prochain et celui de la beauté du monde, s'ils sont assez forts et assez purs, sont suffisants pour conduire l'âme à n'importe quelle hauteur.

L'amour de la religion instituée a normalement pour objet la religion dominante du pays ou du milieu où on a été élevé. C'est à elle que tout homme pense d'abord, par l'effet d'une habitude entrée dans l'âme avec la vie, toutes les fois qu'il pense à un service de Dieu.

La vertu des pratiques religieuses peut être conçue tout entière d'après la tradition bouddhiste concernant la récitation du nom du Seigneur. On dit que le Bouddha aurait fait vœu d'élever jusqu'à lui, dans le Pays de la Pureté, tous ceux qui réciteraient son nom avec le désir d'être sauvés par lui ; et qu'à cause de ce vœu la récitation du nom du Seigneur a réellement la vertu de transformer l'âme.

La religion n'est pas autre chose que cette promesse de Dieu. Toute pratique religieuse, tout rite, toute liturgie est une forme de la récitation du nom du Seigneur, et doit en principe avoir réellement une vertu ; la vertu de sauver quiconque s'y adonne avec ce désir.

Toutes les religions prononcent dans leur langue le nom du Seigneur. Le plus souvent, il vaut mieux pour un homme nommer Dieu dans sa langue natale plutôt que dans une langue étrangère. Sauf exception, l'âme est incapable de s'abandonner complètement au moment où elle doit s'imposer le léger effort de chercher les mots d'une langue étrangère, même bien connue.

Un écrivain dont la langue natale est pauvre, peu maniable et peu répandue dans le monde est très fortement tenté d'en adopter une autre. Il y a eu quelques cas de réussite éclatante, comme Conrad, mais très rares. Sauf exception un tel changement fait du mal, dégrade la pensée et le style ; l'écrivain reste médiocre et mal à l'aise dans le langage adopté.

Un changement de religion est pour l'âme comme un changement de langage pour un écrivain. Toutes les religions, il est vrai, ne sont pas également aptes à la récitation correcte du nom du Seigneur. Certaines sans doute sont des intermédiaires très imparfaits. Il faut que la religion d'Israël, par exemple, ait été un intermédiaire vraiment très imparfait pour qu'on ait pu crucifier le Christ. La religion romaine ne méritait peut-être même à aucun degré le nom de religion.

Mais d'une manière générale la hiérarchie des religions est une chose très difficile à discerner, presque impossible, peut-être tout à fait impossible. Car une religion se connaît de l'intérieur. Les catholiques le disent du catholicisme, mais c'est vrai de toute religion. La religion est une nourriture. Il est difficile d'apprécier par le regard la saveur et la valeur alimentaire d'un aliment qu'on n'a jamais mangé.

La comparaison des religions n'est possible dans une certaine mesure que par la vertu miraculeuse de la sympathie. On peut dans une certaine mesure connaître les hommes si en même temps qu'on les observe du dehors on transporte en eux pour un temps sa propre âme à force de sympathie. De même l'étude de différentes religions ne conduit à une connaissance que si on se transporte pour un temps, par la foi, au centre même de celle qu'on étudie. Par la foi au sens le plus fort du mot.

C'est ce qui n'arrive presque jamais. Car les uns n'ont aucune foi ; les autres ont foi exclusivement dans une religion et n'accordent aux autres que l'espèce d'attention qu'on accorde à des coquillages de forme étrange. D'autres encore se croient capables d'impartialité parce qu'ils ont une vague religiosité qu'ils tournent indifféremment n'importe où. Il faut au contraire avoir accordé toute son attention, toute sa foi, tout son amour à une religion particulière pour pouvoir penser à chaque autre religion avec le plus haut degré d'attention, de foi et d'amour qu'elle comporte. De même ce sont ceux qui sont capables d'amitié, non les autres, qui peuvent aussi s'intéresser de tout leur cœur au sort d'un inconnu.

Dans tous les domaines, l'amour n'est réel que dirigé sur un objet particulier ; il devient universel sans cesser d'être réel seulement par l'effet de l'analogie et du transfert.

Soit dit en passant, la connaissance de ce que sont l'analogie et le transfert, connaissance pour laquelle la mathématique, les diverses sciences et la philosophie sont une préparation, a ainsi un rapport direct avec l'amour.

Aujourd'hui, en Europe et peut-être même dans le monde, la connaissance comparée des religions est à peu près nulle. On n'a même pas la notion de la possibilité d'une telle connaissance. Même sans les préjugés qui nous font obstacle, le pressentiment de cette connaissance est déjà quelque chose de très difficile. Il y a entre les différentes formes de vie religieuse, comme compensation partielle des différences visibles, certaines équivalences cachées que peut-être le discernement le plus aigu peut seulement entrevoir. Chaque religion est une combinaison originale de vérités explicites et de vérités implicites ; ce qui est explicite chez l'une est implicite dans telle autre. L'adhésion implicite à une vérité peut quelquefois avoir autant de vertu qu'une adhésion explicite, et quelquefois même beaucoup plus. Celui qui connaît le secret des cœurs connaît seul aussi le secret des différentes formes de la foi. Il ne nous a pas révélé ce secret, quoi qu'on dise.

Quand on est né dans une religion qui n'est pas

trop impropre à la prononciation du nom du Seigneur, quand on aime cette religion natale d'un amour bien orienté et pur, il est difficile de concevoir un motif légitime de l'abandonner, avant qu'un contact direct avec Dieu soumette l'âme à la volonté divine elle-même. Au-delà de ce seuil, le changement n'est légitime que par obéissance. L'histoire montre qu'en fait, cela se produit rarement. Le plus souvent, toujours peut-être, l'âme parvenue aux plus hautes régions spirituelles est confirmée dans l'amour de la tradition qui lui a servi d'échelle.

Si l'imperfection de la religion natale est trop grande, ou si elle apparaît dans le milieu natal sous une forme trop corrompue, ou bien si les circonstances ont empêché de naître ou tué l'amour de cette religion, l'adoption d'une religion étrangère est légitime. Légitime et nécessaire pour certains ; non pas sans doute pour tous. Il en est de même à l'égard de ceux qui ont été élevés sans aucune pratique religieuse.

Dans tous les autres cas, changer de religion est une décision extrêmement grave, et il est encore bien plus grave de pousser un autre à le faire. Il est encore infiniment plus grave d'exercer en ce sens une pression officielle dans des pays conquis.

En revanche, malgré les divergences religieuses qui existent sur les territoires d'Europe et d'Amérique, on peut dire qu'en droit, directement ou indirectement, de près ou de loin, la religion catholique est le milieu spirituel natal de tous les hommes de race blanche.

La vertu des pratiques religieuses consiste dans

l'efficacité du contact avec ce qui est parfaitement pur pour la destruction du mal. Rien ici-bas n'est parfaitement pur, sinon la beauté totale de l'univers, qu'il n'est pas en notre pouvoir de ressentir directement avant d'avoir beaucoup avancé vers la perfection. Cette beauté totale n'est d'ailleurs enfermée dans rien de sensible, quoiqu'elle soit sensible en un sens.

Les choses religieuses sont des choses sensibles particulières, existant ici-bas, et pourtant parfaitement pures. Non pas par leur manière d'être propre. L'église peut être laide, les chants faux, le prêtre corrompu et les fidèles distraits. En un sens cela n'a aucune importance. C'est ainsi que si un géomètre, pour illustrer une démonstration correcte, trace une figure où les droites sont tordues et les cercles allongés, cela n'a aucune importance. Les choses religieuses sont pures en droit, théoriquement, par hypothèse, par définition, par convention. Ainsi leur pureté est inconditionnée. Nulle souillure ne peut l'atteindre. C'est pourquoi elle est parfaite. Mais non pas parfaite à la manière de la jument de Roland, qui avec toutes les vertus possibles avait l'inconvénient de ne pas exister. Les conventions humaines sont sans efficacité, à moins qu'il ne s'y joigne des mobiles qui poussent les hommes à les observer. En elles-mêmes elles sont de simples abstractions ; elles sont irréelles et n'opèrent rien. Mais la convention selon laquelle les choses religieuses sont pures est ratifiée par Dieu même. Aussi est-ce une convention efficace, une convention qui enferme une vertu, qui par elle-même opère quelque chose. Cette pureté est inconditionnée et parfaite, et en même temps réelle.

C'est là une vérité de fait, qui par suite n'est pas susceptible de démonstration. Elle n'est susceptible que de vérification expérimentale.

En fait la pureté des choses religieuses est presque partout manifeste sous la forme de la beauté, quand la foi et l'amour ne font pas défaut. Ainsi les paroles de la liturgie sont merveilleusement belles ; et surtout la prière sortie pour nous des lèvres mêmes du Christ est parfaite. De même l'architecture romane, le chant grégorien sont merveilleusement beaux.

Mais au centre même il y a quelque chose qui est entièrement dépourvu de beauté, où rien ne rend la pureté manifeste, quelque chose qui est uniquement convention. Il faut qu'il en soit ainsi. L'architecture, les chants, le langage, même si les mots sont assemblés par le Christ, tout cela est autre chose que la pureté absolue. La pureté absolue présente ici-bas à nos sens terrestres comme chose particulière, cela ne peut être qu'une convention qui soit convention et rien d'autre. Cette convention placée au point central, c'est l'Eucharistie.

L'absurdité du dogme de la présence réelle en constitue la vertu. Excepté le symbolisme si touchant de la nourriture, il n'y a rien dans un morceau de pain à quoi la pensée tournée vers Dieu puisse s'accrocher. Ainsi le caractère conventionnel de la présence divine est évident. Le Christ ne peut être présent dans un tel objet que par convention. Il peut y être de ce fait même parfaitement présent. Dieu ne peut être présent ici-bas que dans le secret.

Sa présence dans l'Eucharistie est vraiment secrète, puisque aucune partie de notre pensée n'est admise au secret. Aussi est-elle totale.

Nul ne songe à s'étonner que des raisonnements opérés sur des droites parfaites et des cercles parfaits qui n'existent pas aient des applications effectives dans la technique. Pourtant cela est incompréhensible. La réalité de la présence divine dans l'Eucharistie est plus merveilleuse, mais non pas plus incompréhensible.

On pourrait dire en un sens, par analogie, que le Christ est présent dans l'hostie consacrée par hypothèse, de la même manière qu'un géomètre dit qu'il y a deux angles égaux dans tel triangle par hypothèse.

C'est parce qu'il s'agit d'une convention que la forme de la consécration importe seule, non l'état spirituel de celui qui consacre.

Si c'était autre chose qu'une convention, ce serait une chose au moins partiellement humaine, non pas totalement divine. Une convention réelle, c'est une harmonie surnaturelle, en prenant harmonie au sens pythagoricien.

Seule une convention peut être ici-bas la perfection de la pureté, car toute pureté non conventionnelle est plus ou moins imparfaite. Qu'une convention puisse être réelle, c'est un miracle de la miséricorde divine.

La notion bouddhiste de la récitation du nom du Seigneur a le même contenu, car un nom aussi est une convention. Pourtant l'habitude de confondre dans nos pensées les choses avec leur nom le fait facilement oublier. L'Eucharistie est conventionnelle à un plus haut degré.

Même la présence humaine et charnelle du Christ était autre chose que la pureté parfaite, puisqu'il a blâmé celui qui le nommait bon, puisqu'il a dit : « Il vous est avantageux que je m'en aille. » Il est donc vraisemblablement plus complètement présent dans un morceau de pain consacré. Sa présence est plus complète pour autant qu'elle est plus secrète.

Pourtant cette présence fut sans doute encore plus complète, et aussi encore plus secrète, dans son corps charnel, au moment où la police se saisit de ce corps comme de celui d'un repris de justice. Mais aussi fut-il alors abandonné de tous. Il était trop présent. Ce n'était pas soutenable pour des hommes.

La convention de l'Eucharistie ou toute autre analogue est indispensable à l'homme ; la présence sensible de la pureté parfaite lui est indispensable. Car l'homme ne peut diriger la plénitude de son attention que sur une chose sensible. Et il a besoin de diriger parfois son attention sur la pureté parfaite. Cet acte seul peut lui permettre, par une opération de transfert, de détruire une partie du mal qui est en lui. C'est pourquoi l'hostie est réellement l'Agneau de Dieu qui enlève les péchés.

Tout le monde sent le mal en soi, en a horreur et voudrait s'en débarrasser. Hors de nous nous voyons le mal sous deux formes distinctes, souffrance et péché. Mais dans le sentiment que nous avons de nous-mêmes cette distinction n'apparaît pas, sinon abstraitement et par réflexion. Nous sentons en nous-mêmes quelque chose qui n'est ni souffrance ni péché, qui est l'un et l'autre à la fois, la racine commune aux deux, un mélange indistinct des deux, en même temps souillure et douleur. C'est le mal en nous. C'est la laideur en nous. Pour autant que nous la sentons, elle nous fait horreur. L'âme la rejette comme on vomit. Elle la transporte par une opération de transfert dans les choses qui nous entourent. Mais les choses devenant ainsi laides et souillées à nos yeux nous renvoient le mal que nous avons mis en elles. Elles nous le renvoient augmenté. Dans cet échange le mal qui est en nous s'accroît. Il nous semble alors que les lieux mêmes où nous sommes, le milieu même où nous vivons nous emprisonnent dans le mal, et de jour en jour davantage. C'est là une terrible angoisse. Quand l'âme épuisée par cette angoisse ne la ressent même plus, il y a peu d'espoir de salut pour elle.

C'est ainsi qu'un malade prend sa chambre et son entourage en haine et en dégoût, un condamné sa prison, et trop souvent un ouvrier son usine.

Ceux qui sont ainsi, il ne sert à rien de leur procurer de belles choses. Car il n'est rien qui ne finisse par être souillé jusqu'à faire horreur, avec le temps, par cette opération de transfert.

Seule la pureté parfaite ne peut pas être souillée. Si au moment où l'âme est envahie par le mal l'attention se porte sur une chose parfaitement pure en y transférant une partie du mal, cette chose n'en est pas altérée. Elle ne renvoie pas le mal. Ainsi chaque minute d'une pareille attention détruit réellement un peu de mal.

Ce que les Hébreux essayaient d'accomplir, au moyen d'une espèce de magie, dans leur rite du bouc émissaire, ne peut être opéré ici-bas que par la pureté parfaite. Le véritable bouc émissaire, c'est l'Agneau.

Le jour où un être parfaitement pur se concentre ici-bas sous forme humaine, automatiquement la plus grande quantité possible de mal diffus autour de lui se concentre sur lui sous forme de souffrance. À cette époque, dans l'Empire romain, le plus grand malheur et le plus grand crime des hommes était l'esclavage. C'est pourquoi il subit le supplice qui était le degré extrême du malheur de l'esclavage. Ce transfert constitue mystérieusement la Rédemption.

De même quand un être humain porte son regard et son attention sur l'Agneau de Dieu présent dans le pain consacré, une partie du mal qu'il contient en lui se porte sur la pureté parfaite et y subit une destruction.

Plutôt qu'une destruction, c'est une transmutation. Le contact avec la pureté parfaite dissocie le mélange indissoluble de la souffrance et du péché. La partie du mal contenu dans l'âme qui a été brûlée au feu de ce contact devient seulement souffrance, et souffrance imprégnée d'amour.

De la même manière, tout ce mal diffus dans l'Empire romain qui se concentra sur le Christ devint en lui seulement souffrance.

S'il n'y avait pas ici-bas de pureté parfaite et infinie, s'il n'y avait que de la pureté finie que le contact du mal épuise avec le temps, nous ne pourrions jamais être sauvés.

La justice pénale fournit une illustration affreuse de cette vérité. En principe c'est une chose pure, qui a pour objet le bien. Mais c'est une pureté imparfaite, finie, humaine. Aussi le contact ininterrompu avec le crime et le malheur mélangés épuise-t-il cette pureté et met-il à la place une souillure à peu près égale à la totalité du crime, une souillure qui dépasse de bien loin celle d'un criminel particulier.

Les hommes négligent de boire à la source de pureté. Mais la Création serait un acte de cruauté si cette source ne jaillissait pas partout où il y a crime et malheur. S'il n'y avait pas de crime et de malheur dans les siècles plus éloignés de nous que deux mille ans, dans les pays non touchés par les missions, on pourrait croire que l'Église a le monopole du Christ et des sacrements. Comment peut-on sans accuser Dieu supporter la pensée d'un seul esclave crucifié il y a vingt-deux siècles, si on pense qu'à cette époque le Christ était absent et toute espèce de sacrement inconnue ? Il est vrai qu'on ne pense guère aux esclaves crucifiés il y a vingt-deux siècles.

Quand on a appris à porter le regard sur la pureté parfaite, la durée limitée de la vie humaine empêche seule d'être sûr qu'à moins de trahison on atteindra dès ici-bas la perfection. Car nous sommes des êtres finis ; le mal en nous aussi est fini. La pureté qui est offerte à nos yeux est infinie. Si peu que nous détruisions de mal à chaque regard, il serait sûr, s'il n'y avait pas de limite de temps, qu'en répétant assez souvent l'opération un jour tout le mal serait détruit. Nous serions alors allés au bout du mal, selon l'expression splendide de la *Bhagavat-Gîtâ*. Nous aurions détruit le mal pour le Seigneur de la Vérité, et nous lui apporterions la vérité, comme dit le *Livre des Morts égyptien*.

Une des vérités capitales du christianisme, aujourd'hui bien méconnue de tous, est que le regard est ce qui sauve. Le serpent d'airain a été élevé afin que les hommes, gisant mutilés au fond de la dégradation, le regardent et soient sauvés.

C'est dans les moments où on est, comme on dit, mal disposé, où on se sent incapable de l'élévation d'âme convenable aux choses sacrées, c'est alors que le regard porté sur la pureté parfaite est le plus efficace. Car c'est alors que le mal, ou plutôt la médiocrité, affleure à la surface de l'âme, dans la meilleure position pour être brûlée au contact du feu.

Mais aussi l'opération de regarder est alors presque impossible. Toute la partie médiocre de l'âme, craignant la mort d'une crainte plus violente que celle causée par l'approche de la mort charnelle, se révolte et suscite des mensonges pour se protéger.

L'effort de ne pas écouter ces mensonges, quoiqu'on ne puisse pas s'empêcher d'y croire, l'effort de regarder la pureté est alors quelque chose de très violent ; c'est pourtant absolument autre chose que tout ce qu'on nomme généralement effort, violence sur soi, acte de volonté. Il faudrait d'autres mots pour en parler, mais le langage n'en a pas.

L'effort par lequel l'âme se sauve ressemble à celui par lequel on regarde, par lequel on écoute, par lequel une fiancée dit oui. C'est un acte d'attention et de consentement. Au contraire, ce que le langage nomme volonté est quelque chose d'analogue à l'effort musculaire.

La volonté est au niveau de la partie naturelle de l'âme. Le bon exercice de la volonté est une condition du salut nécessaire sans doute, mais lointaine, inférieure, très subordonnée, purement négative. L'effort musculaire du paysan arrache les mauvaises herbes, mais le soleil et l'eau font seuls pousser le blé. La volonté n'opère dans l'âme aucun bien.

Les efforts de volonté ne sont à leur place que pour l'accomplissement des obligations strictes. Partout où il n'y a pas d'obligation stricte, il faut suivre soit l'inclination naturelle, soit la vocation, c'est-à-dire le commandement de Dieu. Les actes qui procèdent de l'inclination ne sont évidemment pas des efforts de volonté. Et dans les actes d'obéissance à Dieu, on est passif ; quelles que soient les peines qui les accompagnent, quel que soit le déploiement apparent d'activité, il ne se produit dans l'âme rien d'analogue à l'effort musculaire ; il y a seulement attente, attention, silence, immobilité à travers la souffrance et la joie. La crucifixion du Christ est le modèle de tous les actes d'obéissance.

Cette espèce d'activité passive, la plus haute de toutes, est parfaitement décrite dans la *Bhagavat-Gîtâ* et dans Lao-Tseu. Là aussi il y a unité surnaturelle des contraires, harmonie au sens pythagoricien.

L'effort de volonté vers le bien est un des mensonges sécrétés par la partie médiocre de nous-mêmes dans sa peur d'être détruite. Cet effort ne la menace aucunement, ne diminue même pas son confort, et cela même s'il s'accompagne de beaucoup de fatigue et de souffrance. Car la partie médiocre de nous-mêmes ne craint pas la fatigue et la souffrance, elle craint d'être tuée.

Il y a des gens qui essaient d'élever leur âme comme un homme pourrait sauter continuellement à pieds joints, dans l'espoir qu'à force de sauter tous les jours plus haut un jour il ne retombera plus, mais montera jusqu'au ciel. Ainsi occupé, il ne peut pas regarder le ciel. Nous ne pouvons pas faire même un pas vers le ciel. La direction verticale nous est interdite. Mais si nous regardons longtemps le ciel, Dieu descend et nous enlève. Il nous enlève facilement. Comme dit Eschyle : « Ce qui est divin est sans effort. » Il y a dans le salut une facilité plus difficile pour nous que tous les efforts.

Dans un conte de Grimm, il y a concours de force entre un géant et un petit tailleur. Le géant lance une pierre si haut qu'elle met très longtemps avant de retomber. Le petit tailleur lâche un oiseau qui ne retombe pas. Ce qui n'a pas d'ailes finit toujours par retomber.

C'est parce que la volonté est impuissante à opérer le salut que la notion de morale laïque est une absurdité. Car ce qu'on nomme la morale ne fait appel qu'à la volonté, et dans ce qu'elle a pour ainsi dire de plus musculaire. La religion au contraire correspond au désir, et c'est le désir qui sauve.

La caricature romaine du stoïcisme fait aussi appel à la volonté musculaire. Mais le vrai stoïcisme, le stoïcisme grec, celui auquel saint Jean, ou peut-être le Christ, a emprunté les termes de « logos » et « pneuma », est uniquement désir, piété et amour. Il est plein d'humilité.

Le christianisme d'aujourd'hui, sur ce point comme sur beaucoup d'autres, s'est laissé contaminer par ses adversaires. La métaphore de la recherche de Dieu évoque des efforts de volonté musculaire. Pascal, il est vrai, a contribué à la fortune de cette métaphore. Il a commis quelques erreurs, notamment celle de confondre dans une certaine mesure la foi et l'autosuggestion.

Dans les grandes images de la mythologie et du folklore, dans les paraboles de l'Évangile, c'est Dieu qui cherche l'homme. « *Quaerens me sedisti lassus* ». Nulle part dans l'Évangile il n'est question d'une recherche entreprise par l'homme. L'homme ne fait pas un pas à moins d'être poussé ou bien expressément appelé. Le rôle de la future épouse est d'attendre. L'esclave attend et veille pendant que le maître est à une fête. Le passant ne s'invite pas lui-même au repas de noces, il ne demande pas d'invitation ; il y est amené presque par surprise ; son rôle est seulement de revêtir un vêtement convenable. L'homme qui a trouvé une perle dans un champ vend tous ses biens pour acheter ce champ ; il n'a pas besoin de retourner le champ à la bêche pour déterrer la perle, il lui suffit de vendre tous ses biens. Désirer Dieu et renoncer à tout le reste, c'est cela seul qui sauve.

L'attitude qui opère le salut ne ressemble à aucune activité. Le mot grec qui l'exprime est *hupomonè*, que *patientia* traduit assez mal. C'est l'attente, l'immobilité attentive et fidèle qui dure indéfiniment et que ne peut ébranler aucun choc. L'esclave qui écoute près de la porte pour ouvrir dès que le maître frappe en est la meilleure image. Il faut qu'il soit prêt à mourir de faim et d'épuisement plutôt que de changer d'attitude. Il faut que ses camarades puissent l'appeler, lui parler, le frapper sans qu'il tourne même la tête. Même si on lui dit que le maître est mort, même s'il le croit, il ne bougera pas. Si on lui dit que le maître est irrité contre lui et le battra à son retour, et s'il le croit, il ne bougera pas.

La recherche active est nuisible, non seulement à l'amour, mais aussi à l'intelligence dont les lois imitent celles de l'amour. Il faut simplement attendre que la solution d'un problème de géométrie, que le sens d'une phrase latine ou grecque surgisse dans l'esprit. À plus forte raison pour une vérité scientifique nouvelle, pour un beau vers. La recherche mène à l'erreur. Il en est ainsi pour toute espèce de bien véritable. L'homme ne doit pas faire autre chose qu'attendre le bien et écarter le mal. Il ne doit faire d'effort musculaire que pour n'être pas ébranlé par le mal. Dans le retournement qui constitue la condition humaine, la vertu authentique dans tous les domaines est chose négative, au moins en apparence. Mais cette attente du bien et de la vérité est quelque chose de plus intense que toute recherche.

La notion de grâce par opposition à la vertu volontaire, celle d'inspiration par opposition au travail intellectuel ou artistique, ces deux notions exprimment, si elles sont bien comprises, cette efficacité de l'attente et du désir.

Les pratiques religieuses sont entièrement constituées par de l'attention animée de désir. C'est pourquoi aucune morale ne peut les remplacer. Mais la partie médiocre de l'âme a dans son arsenal beaucoup de mensonges capables de la protéger même pendant la prière ou la participation aux sacrements. Entre le regard et la présence de la pureté parfaite elle met des voiles qu'elle est assez habile pour nommer Dieu. Ces voiles, ce sont, par exemple, des états d'âme, sources de joies sensibles, d'espérance, de réconfort, de consolation ou d'apaisement, ou bien un ensemble d'habitudes, ou bien un ou plusieurs êtres humains, ou bien un milieu social.

Un piège difficile à éviter est l'effort pour imaginer la perfection divine que la religion nous offre à aimer. En aucun cas nous ne pouvons rien imaginer qui soit plus parfait que nous-mêmes. Cet effort rend inutile la merveille de l'Eucharistie.

Il faut une certaine formation de l'intelligence pour pouvoir ne contempler dans l'Eucharistie que ce qui y est enfermé par définition ; c'est-à-dire quelque chose que nous ignorons totalement, dont nous savons seulement, comme dit Platon, que c'est quelque chose, et que rien d'autre n'est jamais désiré sinon par erreur.

Le piège des pièges, le piège presque inévitable, est le piège social. Partout, toujours, en toutes choses, le sentiment social procure une imitation parfaite de la foi, c'est-à-dire parfaitement trompeuse. Cette imitation a le grand avantage de contenter toutes les parties de l'âme. Celle qui désire le bien croit être nourrie. Celle qui est médiocre n'est pas blessée par la lumière. Elle est tout à fait à l'aise. Ainsi tout le monde est d'accord. L'âme est dans la paix. Mais le Christ a dit qu'il ne venait pas apporter la paix. Il a apporté le glaive, le glaive qui coupe en deux, comme dit Eschyle.

Il est presque impossible de discerner la foi de son imitation sociale. D'autant plus qu'il peut y avoir dans l'âme une partie de foi authentique et une partie de foi imitée. C'est presque impossible, mais non pas impossible.

Dans les circonstances présentes, repousser l'imitation sociale est peut-être pour la foi une question de vie et de mort.

La nécessité d'une présence parfaitement pure pour enlever les souillures n'est pas restreinte aux églises. Les gens viennent apporter leurs souillures dans les églises, et cela est très bien. Mais il serait bien plus conforme à l'esprit du christianisme qu'en plus, de cela le Christ allât porter sa présence dans les endroits les plus souillés de honte, de misère, de crime et de malheur, dans les prisons, dans les tribunaux, dans les refuges de miséreux. Une séance de tribunal devrait commencer et finir par une prière commune des magistrats, de la police, de l'accusé, du public. Le Christ devrait ne pas être absent des lieux où l'on travaille, de ceux où l'on étudie. Tous les êtres humains devraient pouvoir, quoi qu'ils fassent, où qu'ils soient, avoir le regard fixé tout le long de chaque journée sur le serpent d'airain.

Mais aussi il devrait être reconnu publiquement,

officiellement, que la religion ne consiste pas en autre chose qu'en un regard. Tant qu'elle prétend être autre chose, il est inévitable ou qu'elle : soit enfermée à l'intérieur des églises, ou qu'elle étouffe tout en tout autre lieu où elle se trouve. La religion ne doit pas prétendre occuper dans la société une autre place que celle qui convient à l'amour surnaturel dans l'âme. Mais il est vrai aussi que beaucoup de gens dégradent la charité en eux-mêmes parce qu'ils veulent lui faire occuper dans leur âme une place trop grande et trop visible. Notre Père ne réside que dans le secret. L'amour ne va pas sans pudeur. La foi véritable implique une grande discrétion même vis-à-vis de soi-même. Elle est un secret entre Dieu et nous auquel nous-mêmes n'avons presque aucune part.

L'amour du prochain, l'amour de la beauté du monde, l'amour de la religion sont des amours en un sens tout à fait impersonnels. L'amour de la religion pourrait facilement ne pas l'être, parce que la religion a rapport à un milieu social. Il faut que la nature même des pratiques religieuses y remédie. Au centre de la religion catholique se trouve un peu de matière sans forme, un peu de pain. L'amour dirigé sur ce morceau de matière est nécessairement impersonnel. Ce n'est pas la personne humaine du Christ telle que nous l'imaginons, ce n'est pas la personne divine du Père soumise elle aussi en nous à toutes les erreurs de notre imagination, c'est ce fragment de matière qui est au centre de la religion catholique. C'est ce qu'il y a en elle de plus scandaleux et c'est en quoi réside sa plus merveilleuse vertu. Dans toutes les formes authentiques de vie religieuse il y a de même quelque chose qui en garantit le caractère impersonnel. L'amour de Dieu doit être impersonnel, tant qu'il n'y a pas encore eu contact direct et personnel ; autrement c'est un amour imaginaire. Ensuite il doit être à la fois personnel et de nouveau impersonnel en un sens plus élevé.

Amitié

Mais il est un amour personnel et humain qui est pur et qui enferme un pressentiment et un reflet de l'amour divin. C'est l'amitié, à condition qu'on emploie ce mot rigoureusement en son sens propre.

La préférence à l'égard d'un être humain est nécessairement autre chose que la charité. La charité est indiscriminée. Si elle se pose plus particulièrement quelque part, le hasard du malheur, qui suscite l'échange de la compassion et de la gratitude, est la seule cause. Elle est disponible également pour tous les humains en tant que le malheur peut venir proposer à tous un tel échange.

La préférence personnelle à l'égard d'un être humain déterminé peut être de deux natures. Ou l'on cherche en l'autre un certain bien, ou on a besoin de lui. D'une manière générale, tous les attachements possibles se répartissent entre ces deux espèces. On se porte vers quelque chose, ou parce qu'on y cherche un bien, ou parce qu'on ne peut pas s'en passer. Quelquefois les deux mobiles coïncident. Mais souvent non. Par eux-mêmes ils sont distincts et tout à fait indépendants. On mange de la nourriture répugnante, si on n'en a pas d'autre, parce qu'on ne peut pas faire autrement. Un homme modérément gourmand recherche les bonnes choses, mais s'en passe facilement. Si on manque d'air, on étouffe ; on se débat pour en trouver, non parce qu'on en attend un bien, mais parce qu'on en a besoin. On va respirer le souffle de la mer, sans être poussé par aucune nécessité, parce que cela plaît. Souvent le cours du temps fait automatiquement succéder le second mobile au premier. C'est une des grandes douleurs humaines. Un homme fume l'opium pour avoir accès à un état spécial qu'il croit supérieur ; souvent, par la suite, l'opium le met dans un état pénible et qu'il sent dégradant ; mais il ne peut plus s'en passer. Arnolphe a acheté Agnès à sa mère adoptive, parce qu'il lui a semblé que c'était pour lui un bien d'avoir chez lui une petite fille dont il ferait peu à peu une bonne épouse. Plus tard elle ne lui cause plus qu'une douleur déchirante et avilissante. Mais avec le temps son attachement pour elle est devenu un lien vital qui le force à prononcer le vers terrible :

Mais je sens là-dedans qu'il faudra que je crève…

Harpagon a commencé par regarder l'or comme un bien. Plus tard ce n'est plus que l'objet d'une obsession harcelante, mais un objet dont la privation le ferait mourir. Comme dit Platon, il y a une grande différence entre l'essence du nécessaire et celle du bien.

Il n'y a aucune contradiction entre chercher un bien auprès d'un être humain et lui vouloir du bien. Pour cette raison même, quand le mobile qui pousse vers un être humain est seulement la recherche d'un bien, les conditions de l'amitié ne sont pas réalisées. L'amitié est une harmonie surnaturelle, une union des contraires.

Quand un être humain est à quelque degré nécessaire, on ne peut pas vouloir son bien, à moins de cesser de vouloir le sien propre. Là où il y a nécessité, il y a contrainte et domination. On est à la discrétion de ce dont on a besoin, à moins d'en être propriétaire. Le bien central pour tout homme est la libre disposition de soi. Ou l'on y renonce, ce qui est un crime d'idolâtrie, car on n'a le droit d'y renoncer qu'en faveur de Dieu ; ou on désire que l'être dont on a besoin en soit privé.

Toutes sortes de mécanismes peuvent nouer entre êtres humains des liens d'affection qui aient la dureté de fer de la nécessité. L'amour maternel est souvent de cette nature ; parfois l'amour paternel, comme dans *Le Père Goriot* de Balzac ; l'amour charnel sous sa forme la plus intense, comme dans *L'École des femmes* et dans *Phèdre ;* l'amour conjugal très fréquemment, surtout par l'effet de l'habitude ; plus rarement l'amour filial ou fraternel.

Il y a d'ailleurs des degrés dans la nécessité. Est nécessaire à quelque degré tout ce dont la perte cause réellement une diminution d'énergie vitale, au sens précis, rigoureux que ce mot pourrait avoir si l'étude des phénomènes vitaux était aussi avancée que celle de la chute des corps. Au degré extrême de la nécessité, la privation entraîne la mort. C'est le cas quand toute l'énergie vitale d'un être est liée à un autre par un attachement. Aux degrés moindres, la privation entraîne un amoindrissement plus ou moins considérable. C'est ainsi que la privation totale de nourriture entraîne la mort, au lieu que la privation partielle entraîne seulement un amoindrissement. Néanmoins on regarde comme nécessaire toute la quantité de nourriture en deçà de laquelle un être humain est amoindri.

La cause la plus fréquente de la nécessité dans les liens d'affection, c'est une certaine combinaison de sympathie et d'habitude. Comme dans le cas de l'avarice ou de l'intoxication, ce qui d'abord était recherche d'un bien est transformé en besoin par le simple cours du temps. Mais la différence avec l'avarice, l'intoxication et tous les vices, c'est que dans les liens d'affection les deux mobiles, recherche d'un bien et besoin, peuvent très bien coexister. Ils peuvent aussi être séparés. Quand l'attachement d'un être humain à un autre est constitué par le besoin seul, c'est une chose atroce. Peu de choses au monde peuvent atteindre ce degré de laideur et d'horreur. Il y a toujours quelque chose d'horrible dans toutes les circonstances où un être humain cherche le bien et trouve seulement la nécessité. Les contes où un être aimé apparaît soudain avec une tête de mort en sont la meilleure image. L'âme humaine possède, il est vrai, tout un arsenal de mensonges pour se protéger contre cette laideur et se fabriquer en imagination de faux biens là où il y a seulement nécessité. C'est par là même que la laideur est un mal, parce qu'elle contraint au mensonge.

D'une manière tout à fait générale, il y a malheur toutes les fois que la nécessité, sous n'importe quelle forme, se fait sentir si durement que la dureté dépasse la capacité de mensonge de celui qui subit le choc. C'est pourquoi les êtres les plus purs sont les plus exposés au malheur. Pour celui qui est capable d'empêcher la réaction automatique de protection qui tend à augmenter dans l'âme la capacité de mensonge, le malheur n'est pas un mal, bien qu'il soit toujours une blessure et en un sens une dégradation.

Quand un être humain est attaché à un autre par un lien d'affection enfermant à un degré quelconque la nécessité, il est impossible qu'il souhaite la conservation de l'autonomie à la fois en lui-même et dans l'autre. Impossible en vertu du mécanisme de la nature. Mais possible par l'intervention miraculeuse du surnaturel. Ce miracle, c'est l'amitié.

« L'amitié est une égalité faite d'harmonie », disaient les pythagoriciens. Il y a harmonie parce qu'il y a unité surnaturelle entre deux contraires qui sont la nécessité et la liberté, ces deux contraires que Dieu a combinés en créant le monde et les hommes. Il y a égalité parce qu'on désire la conservation de la faculté de libre consentement en soi-même et chez l'autre.

Quand quelqu'un désire se subordonner un être humain ou accepte de se subordonner à lui, il n'y a pas trace d'amitié. Le Pylade de Racine n'est pas l'ami d'Oreste. Il n'y a pas d'amitié dans l'inégalité.

Une certaine réciprocité est essentielle à l'amitié. Si d'un des deux côtés toute bienveillance est entièrement absente, l'autre doit supprimer l'affection er lui-même par respect pour le libre consentement auquel il ne doit pas désirer porter atteinte. Si d'un des deux côtés il n'y a pas respect pour l'autonomie de l'autre, celui-ci doit couper le lien par respect de soi-même. De même celui qui accepte de s'asservir ne peut pas obtenir d'amitié. Mais la nécessité enfermée dans le lien d'affection peut n'exister que d'un côté, et en ce cas il n'y a amitié que d'un côté si on prend le mot en un sens tout à fait précis et rigoureux.

Une amitié est souillée dès que la nécessité l'emporte, fût-ce pour un instant, sur le désir de conserver chez l'un et chez l'autre la faculté de libre consentement. Dans toutes les choses humaines, la nécessité est le principe de l'impureté. Toute amitié est impure s'il s'y trouve même à l'état de trace le désir de plaire ou le désir inverse. Dans une amitié parfaite ces deux désirs sont complètement absents. Les deux amis acceptent complètement d'être deux et non pas un, ils respectent la distance que met entre eux le fait d'être deux créatures distinctes. C'est avec Dieu seul que l'homme a le droit de désirer être directement uni.

L'amitié est le miracle par lequel un être humain accepte de regarder à distance et sans s'approcher l'être même qui lui est nécessaire comme une nourriture. C'est la force d'âme qu'Ève n'a pas eue ; et pourtant elle n'avait pas besoin du fruit. Si elle avait eu faim au moment où elle regardait le fruit, et si malgré cela elle était restée indéfiniment à le regarder sans faire un pas vers lui, elle aurait accompli un miracle analogue à celui de la parfaite amitié.

Par cette vertu surnaturelle du respect de l'autonomie humaine, l'amitié est très semblable aux formes pures de la compassion et de la gratitude suscitées par le malheur. Dans les deux cas les contraires qui sont les termes de l'harmonie sont la nécessité et la liberté, ou encore la subordination et l'égalité. Ces deux couples de contraires sont équivalents.

Du fait que le désir de plaire et le désir inverse sont absents de l'amitié pure, il y a en elle, en même temps que l'affection, quelque chose comme une complète indifférence. Bien qu'elle soit un lien entre deux personnes, elle a quelque chose d'impersonnel. Elle n'entame pas l'impartialité. Elle n'empêche aucunement d'imiter la perfection du Père céleste qui distribue partout la lumière du soleil et la pluie. Au contraire, l'amitié et cette imitation sont condition mutuelle l'une de l'autre, du moins le plus souvent. Car comme tout être humain ou peu s'en faut est lié à d'autres par des liens d'affection enfermant quelque degré de nécessité, il ne peut s'approcher de la perfection qu'en transformant cette affection en amitié. L'amitié a quelque chose d'universel. Elle consiste à aimer un être humain comme on voudrait pouvoir aimer en particulier chacun de ceux qui composent l'espèce humaine. Comme un géomètre regarde une figure particulière pour déduire les propriétés universelles du triangle, de même celui qui sait aimer dirige sur un être humain particulier un amour universel. Le consentement à la conservation de l'autonomie en soi-même et chez autrui est par essence quelque chose d'universel. Dès qu'on désire cette conservation chez plus d'un seul être on la désire chez tous les êtres ; car on cesse de disposer l'ordre du monde en cercle autour d'un centre qui serait ici-bas. On transporte le centre au-dessus des cieux.

L'amitié n'a pas cette vertu si les deux êtres qui s'aiment, par un usage illégitime de l'affection, croient ne faire qu'un. Mais aussi il n'y a pas alors d'amitié au vrai sens du mot. C'est là pour ainsi dire une union adultère, quand même elle se produirait entre époux. Il n'y a amitié que là où la distance est conservée et respectée.

Le simple fait d'avoir du plaisir à penser sur un point quelconque de la même manière que l'être aimé, ou en tout cas le fait de désirer une telle concordance d'opinions, est une atteinte à la pureté de l'amitié en même temps qu'à la probité intellectuelle. Cela est très fréquent. Mais aussi une amitié pure est rare.

Quand les liens d'affection et de nécessité entre êtres humains ne sont pas surnaturellement transformés en amitié, non seulement l'affection est impure et basse, mais aussi elle se mélange de haine et de répulsion. Cela apparaît très bien dans *L'École des femmes* et dans *Phèdre*. Le mécanisme est le même dans les affections autres que l'amour charnel. Il est facile à comprendre. Nous haïssons ce dont nous dépendons. Nous prenons en dégoût ce qui dépend de nous. Parfois l'affection ne se mélange pas seulement, elle se transforme entièrement en haine et en dégoût. Parfois même la transformation est presque immédiate, de sorte que presque aucune affection n'a eu le temps d'apparaître ; c'est le cas quand la nécessité est presque tout de suite mise à nu. Quand la nécessité qui lie des êtres humains n'est pas de nature affective, quand elle tient seulement aux circonstances, l'hostilité surgit souvent dès l'abord.

Quand le Christ disait à ses disciples : « Aimez-vous les uns les autres », ce n'était pas l'attachement qu'il leur prescrivait. Comme en fait il y avait entre eux des liens causés par les pensées communes, la vie en commun, l'habitude, il leur commandait de transformer ces liens en amitié pour ne pas les laisser tourner en attachements impurs ou en haine.

Le Christ ayant peu avant sa mort ajouté cette parole comme un commandement nouveau aux commandements de l'amour du prochain et de l'amour de Dieu, on peut penser que l'amitié pure, comme la charité du prochain, enferme quelque chose comme un sacrement. Le Christ a peut-être voulu indiquer cela concernant l'amitié chrétienne quand il a dit : « Quand deux ou trois d'entre vous seront réunis en mon nom, je serai parmi eux. » L'amitié pure est une image de l'amitié originelle et parfaite qui est celle de la Trinité et qui est l'essence même de Dieu. Il est impossible que deux êtres humains soient un, et cependant respectent scrupuleusement la distance qui les sépare, si Dieu n'est pas présent en chacun d'eux. Le point de rencontre des parallèles est à l'infini.

Amour implicite et amour explicite

Le catholique même le plus étroit n'oserait pas affirmer que la compassion, la gratitude, l'amour de la beauté du monde, l'amour des pratiques religieuses, l'amitié soient le monopole des siècles et des pays où l'Église a été présente. Ces amours dans leur pureté sont rares, mais on affirmerait même difficilement qu'ils aient été plus fréquents dans ces siècles et ces pays que dans les autres. Croire qu'ils peuvent se produire là où le Christ est absent, c'est amoindrir le Christ jusqu'à l'outrager ; c'est une impiété, presque un sacrilège.

Ces amours sont surnaturels ; et en un sens ils sont absurdes. Ils sont fous. Aussi longtemps que l'âme n'a pas eu contact direct avec la personne même de Dieu, ils ne peuvent s'appuyer sur aucune connaissance fondée soit sur l'expérience, soit sur le raisonnement. Ils ne peuvent donc s'appuyer sur aucune certitude, à moins d'employer le mot dans un sens métaphorique pour désigner le contraire de l'hésitation. Par suite il est préférable qu'ils ne soient accompagnés d'aucune croyance. Cela est intellectuellement plus honnête, et cela préserve mieux la pureté de l'amour. C'est à tous égards plus convenable. Concernant les choses divines, la croyance ne convient pas. La certitude seule convient. Tout ce qui est au-dessous de la certitude est indigne de Dieu.

Pendant la période préparatoire, ces amours indirects constituent un mouvement ascendant de l'âme, un regard tourné avec quelque effort vers le haut. Après que Dieu est venu en personne non seulement visiter l'âme, comme Il fait d'abord pendant longtemps, mais s'emparer d'elle, en transporter le centre auprès de soi, il en est autrement. Le poussin a percé la coquille, il est hors de l'œuf du monde. Ces amours premiers subsistent, ils sont plus intenses qu'avant, mais ils sont autres. Celui qui a subi cette aventure aime plus qu'auparavant les malheureux, ceux qui l'aident dans le malheur, ses amis, les pratiques religieuses, la beauté du monde. Mais ces amours sont devenus un mouvement descendant comme celui même de Dieu, un rayon confondu dans la lumière de Dieu. Du moins on peut le supposer.

Ces amours indirects sont seulement l'attitude envers les êtres et les choses d'ici-bas de l'âme orientée vers le bien. Ils n'ont pas eux-mêmes pour objet un bien. Il n'y a pas de bien ici-bas. Ainsi ce ne sont pas à proprement parler des amours. Ce sont des attitudes aimantes.

Dans la période préparatoire l'âme aime à vide. Elle ne sait pas si quelque chose de réel répond à son amour. Elle peut croire qu'elle le sait. Mais croire n'est pas savoir. Une telle croyance n'aide pas. L'âme sait seulement d'une manière certaine qu'elle a faim. L'important est qu'elle crie sa faim. Un enfant ne cesse pas de crier si on lui suggère que peut-être il n'y a pas de pain. Il crie quand même.

Le danger n'est pas que l'âme doute s'il y a ou non du pain, mais qu'elle se persuade par un mensonge qu'elle n'a pas faim. Elle ne peut se le persuader que par un mensonge, car la réalité de sa faim n'est pas une croyance, c'est une certitude.

Nous savons tous qu'il n'y a pas de bien ici-bas, que tout ce qui apparaît ici-bas comme bien est fini, limité, s'épuise, et une fois épuisé laisse apparaître à nu la nécessité. Tout être humain a vraisemblablement eu dans sa vie plusieurs instants où il s'est avoué clairement qu'il n'y a pas de bien ici-bas. Mais dès qu'on a vu cette vérité on la recouvre de mensonge. Beaucoup même se complaisent à la proclamer en cherchant dans la tristesse une jouissance morbide, qui n'ont jamais pu supporter de la regarder en face plus d'une seconde. Les hommes sentent qu'il y a danger mortel à regarder cette vérité en face pendant quelque temps. Cela est vrai. Cette connaissance est mortelle plus qu'une épée ; elle inflige une mort qui fait peur plus que la mort charnelle. Avec le temps elle tue en nous tout ce que nous nommons moi. Pour la soutenir il faut aimer la vérité plus que la vie. Ceux qui sont ainsi, selon l'expression de Platon, se détournent de ce qui passe avec toute l'âme.

Ils ne se tournent pas vers Dieu. Comment le pourraient-ils, dans les ténèbres totales ? Dieu lui-même leur imprime l'orientation convenable. Il ne se montre pas à eux cependant avant longtemps. C'est à eux à rester immobiles, sans détourner le regard, sans cesser d'écouter, et à attendre ils ne savent pas quoi, sourds aux sollicitations et aux menaces, inébranlables aux chocs. Si Dieu, après une longue attente, laisse vaguement pressentir sa lumière ou même se révèle en personne, ce n'est que pour un instant. De nouveau il faut rester immobile, attentif, et attendre, sans bouger, en appelant seulement quand le désir est trop fort.

Il ne dépend pas d'une âme de croire à la réalité de Dieu si Dieu ne révèle pas cette réalité. Ou elle met le nom de Dieu comme étiquette sur autre chose, et c'est de l'idolâtrie ; ou la croyance à Dieu reste abstraite et verbale. Il en est ainsi dans des pays et des époques où mettre le dogme religieux en doute ne vient même pas à l'esprit. L'état de non-croyance est alors ce que saint Jean de la Croix nommait une nuit. La croyance est verbale et ne pénètre pas dans l'âme. À une époque comme la nôtre l'incrédulité peut être un équivalent de la nuit obscure de saint Jean de la Croix si l'incrédule aime Dieu, s'il est comme l'enfant qui ne sait pas qu'il y a quelque part du pain, mais qui crie qu'il a faim.

Quand on mange du pain, et même quand on en a mangé, on sait que le pain est réel. On peut néanmoins mettre en doute la réalité du pain. Les philosophes mettent en doute la réalité du monde sensible. Mais c'est un doute purement verbal, qui n'entame pas la certitude, qui la rend même plus manifeste pour un esprit bien orienté. De même celui à qui Dieu a révélé sa réalité peut sans inconvénient mettre cette réalité en doute. C'est un doute purement verbal, un exercice utile à la santé de l'intelligence. Ce qui est un crime de trahison, même avant une telle révélation, bien plus encore après, c'est de mettre en doute que Dieu soit la seule chose qui mérite d'être aimée. C'est de détourner le regard. L'amour est le regard de l'âme. C'est de s'arrêter un instant d'attendre et d'écouter.

Électre ne cherche pas Oreste, elle l'attend. Quand elle croit qu'il n'existe plus, que nulle part au monde il n'y a rien qui soit Oreste, elle ne se rapproche pas pour cela de son entourage. Elle s'en écarte avec davantage de répulsion. Elle aime mieux l'absence d'Oreste que la présence de quoi que ce soit d'autre. Oreste devait la délivrer de son esclavage, des haillons, du travail servile, de la saleté, de la faim, des coups et d'humiliations innombrables. Elle n'espère plus cela. Mais elle ne songe pas un instant à user de l'autre procédé qui peut lui procurer une vie luxueuse et honorée, le procédé de la réconciliation avec les plus forts. Elle ne veut pas obtenir l'abondance et la considération si ce n'est pas Oreste qui les lui procure. Elle n'accorde pas même une pensée à ces choses. Tout ce qu'elle désire, c'est de ne pas exister dès lors qu'Oreste n'existe pas.

À ce moment Oreste n'y tient plus. Il ne peut s'empêcher de se nommer. Il donne la preuve certaine qu'il est Oreste. Électre le voit, elle l'entend, elle le touche. Elle ne se demandera plus si son sauveur existe.

Celui à qui est arrivé l'aventure d'Électre, celui qui a vu, entendu et touché, avec l'âme elle-même, celui-là reconnaît en Dieu la réalité de ces amours indirects qui étaient comme des reflets. Dieu est la pure beauté. C'est là chose incompréhensible, car la beauté est sensible par essence. Parler d'une beauté non sensible, cela paraît un abus de langage à quiconque a dans l'esprit quelque exigence de rigueur ; et avec raison. La beauté est toujours un miracle. Mais il y a miracle au second degré quand une âme reçoit une impression de beauté non sensible, s'il s'agit non d'une abstraction, mais d'une impression réelle et directe comme celle que cause un chant au moment où il se fait entendre. Tout se passe comme si, par l'effet d'une faveur miraculeuse, il était devenu manifeste à la sensibilité elle-même que le silence n'est pas absence de sons, mais une chose infiniment plus réelle que les sons, et le siège d'une harmonie plus parfaite que la plus belle dont les sons combinés soient susceptibles. Encore y a-t-il des degrés dans le silence. Il y a un silence dans la beauté de l'univers qui est comme un bruit par rapport au silence de Dieu.

Dieu est aussi le véritable prochain. Le terme de personne ne s'applique avec propriété qu'à Dieu, et aussi le terme d'impersonnel. Dieu est celui qui se penche sur nous, nous malheureux réduits à n'être qu'un peu de chair inerte et saignante. Mais en même temps Il est en quelque sorte aussi ce malheureux qui nous apparaît seulement sous l'aspect d'un corps inanimé d'où il semble que toute pensée soit absente, ce malheureux dont nul ne connaît ni le rang ni le nom. Le corps inanimé, c'est cet univers créé. L'amour que nous devons à Dieu, et qui serait notre perfection suprême si nous pouvions l'atteindre, est le modèle divin à la fois de la gratitude et de la compassion.

Dieu est aussi l'ami par excellence. Pour qu'il y ait entre Lui et nous, à travers la distance infinie, quelque chose comme une égalité, Il a voulu mettre dans ses créatures un absolu, la liberté absolue de consentir ou non à l'orientation qu'il nous imprime vers Lui. Il a aussi étendu nos possibilités d'erreur et de mensonge jusqu'à nous laisser la faculté de dominer faussement en imagination non seulement l'univers et les hommes, mais aussi Dieu lui-même, tant que nous ne savons pas faire un juste usage de ce nom. Il nous a donné cette faculté d'illusion infinie pour que nous ayons le pouvoir d'y renoncer par amour.

Enfin le contact avec Dieu est le véritable sacrement.

Mais on peut être presque sûr que ceux chez qui l'amour de Dieu a fait disparaître les amours purs d'ici-bas sont de faux amis de Dieu.

Le prochain, les amis, les cérémonies religieuses, la beauté du monde ne tombent pas au rang des choses irréelles après le contact direct entre l'âme et Dieu. Au contraire, c'est alors seulement que ces choses deviennent réelles. Auparavant c'étaient des demi-rêves. Auparavant, il n'y avait aucune réalité.

À propos du « Pater »

Πάτηρ ἡμῶν ὁ ἐν τοις οὐρανοίς
« *Notre Père celui qui est dans les cieux* »

C'est notre Père ; il n'y a rien de réel en nous qui ne procède de lui. Nous sommes à lui. Il nous aime, puisqu'il s'aime et que nous sommes à lui. Mais c'est le Père qui est dans les cieux. Non ailleurs. Si nous croyons avoir un Père ici-bas, ce n'est pas lui, c'est un faux Dieu. Nous ne pouvons pas faire un seul pas vers lui. On ne marche pas verticalement. Nous ne pouvons diriger vers lui que notre regard. Il n'y a pas à le chercher, il faut seulement changer la direction du regard. C'est à lui de nous chercher. Il faut être heureux de savoir qu'il est infiniment hors de notre atteinte. Nous avons ainsi la certitude que le mal en nous, même s'il submerge tout notre être, ne souille aucunement la pureté, la félicité, la perfection divines.

Ἁγιασθήτω τὸ ὄνομά σου
« soit sanctifié ton nom »

Dieu seul a le pouvoir de se nommer lui-même. Son nom n'est pas prononçable pour des lèvres humaines. Son nom est sa parole. C'est le Verbe. Le nom d'un être quelconque est un intermédiaire entre l'esprit humain et cet être, la seule voie par laquelle l'esprit humain puisse saisir quelque chose de cet être quand il est absent. Dieu est absent ; il est dans les cieux. Son nom est la seule possibilité pour l'homme d'avoir accès à lui. C'est le Médiateur. L'homme a accès à ce nom, quoiqu'il soit aussi transcendant. Il brille dans la beauté et l'ordre du monde et dans la lumière intérieure de l'âme humaine. Ce nom est la sainteté elle-même ; il n'y a pas de sainteté hors de lui ; il n'a donc pas à être sanctifié. En demandant cette sanctification, nous demandons ce qui est éternellement avec une plénitude de réalité à laquelle il n'est pas en notre pouvoir d'ajouter ou de retrancher même un infiniment petit. Demander ce qui est, ce qui est réellement, infailliblement, éternellement, d'une manière tout à fait indépendante de notre demande, c'est la demande parfaite. Nous ne pouvons pas nous empêcher de désirer ; nous sommes désir ; mais ce désir qui nous cloue à l'imaginaire, au temps, à l'égoïsme, nous pouvons, si nous le faisons passer tout entier dans cette demande, en faire un levier qui nous arrache de l'imaginaire dans le réel, du temps dans l'éternité, et hors de la prison du moi.

ἐλθάτω ἡ βασιλεία σου
« vienne ton règne »

Il s'agit maintenant de quelque chose qui doit venir, qui n'est pas là. Le règne de Dieu, c'est le Saint-Esprit emplissant complètement toute l'âme des créatures intelligentes. L'Esprit souffle où il veut. On ne peut que l'appeler. Il ne faut même pas penser d'une manière particulière à l'appeler sur soi, ou sur tels ou tels autres, ou même sur tous, mais l'appeler purement et simplement ; que penser à lui soit un appel et un cri. Comme quand on est à la limite de la soif, qu'on est malade de soif, on ne se représente plus l'acte de boire par rapport à soi-même, ni même en général l'acte de boire. On se représente seulement l'eau, l'eau prise en elle-même, mais cette image de l'eau est comme un cri de tout l'être.

γενηθήτω τὸ θέλημά σου
« soit accomplie ta volonté »

Nous ne sommes absolument, infailliblement certains de la volonté de Dieu que pour le passé. Tous les événements qui se sont produits, quels qu'ils soient, sont conformes à la volonté du Père tout-puissant. Cela est impliqué par la notion de toute-puissance. L'avenir aussi, quel qu'il doive être, une fois accompli, se sera accompli conformément à la volonté de Dieu. Nous ne pouvons rien ajouter ni soustraire à cette conformité. Ainsi, après un élan de désir vers le possible, de nouveau, dans cette phrase, nous demandons ce qui est. Mais non plus une réalité éternelle comme est la sainteté du Verbe. Ici l'objet de notre demande est ce qui se produit dans le temps. Mais nous demandons la conformité infaillible et éternelle de ce qui se produit dans le temps avec la volonté divine. Après avoir, par la première demande, arraché le désir au temps pour l'appliquer sur l'éternel, et l'avoir ainsi transformé, nous reprenons ce désir devenu lui-même d'une certaine manière éternel pour l'appliquer de nouveau au temps. Alors notre désir perce le temps pour trouver derrière l'éternité. C'est ce qui arrive quand nous savons faire de tout événement accompli, quel qu'il soit, un objet de désir. C'est là tout autre chose que la résignation. Le mot d'acceptation même est trop faible. Il faut désirer que tout ce qui s'est produit se soit produit, et rien d'autre. Non pas parce que ce qui s'est produit est bien à nos yeux ; mais parce que Dieu l'a permis, et que l'obéissance du cours des événements à Dieu est par elle-même un bien absolu.

ὡς ἐν οὐρανῷ καὶ ἐπὶ γῆς
« *pareillement au ciel et sur terre* »

Cette association de notre désir à la volonté toute-puissante de Dieu doit s'étendre aux choses spirituelles. Nos ascensions et nos défaillances spirituelles et celles des êtres que nous aimons ont un rapport avec l'autre monde, mais sont aussi des événements qui se produisent ici-bas dans le temps. À ce titre ce sont des détails dans l'immense mer des événements, ballottés avec toute cette mer d'une manière conforme à la volonté de Dieu. Puisque nos défaillances passées se sont produites, nous devons désirer qu'elles se soient produites. Nous devons étendre ce désir à l'avenir pour le jour où il sera devenu du passé. C'est une correction nécessaire à la demande que le règne de Dieu arrive. Nous devons abandonner tous les désirs pour celui de la vie éternelle, mais nous devons désirer la vie éternelle elle-même avec renoncement. Il ne faut pas s'attacher même au détachement. L'attachement au salut est encore plus dangereux que les autres. Il faut penser à la vie éternelle comme on pense à l'eau quand on meurt de soif, et en même temps désirer pour soi et pour les êtres chers la privation éternelle de cette eau plutôt que d'en être comblé malgré la volonté de Dieu, si pareille chose était concevable.

Les trois demandes précédentes ont rapport aux trois Personnes de la Trinité, le Fils, l'Esprit et le Père, et aussi aux trois parties du temps, le présent, l'avenir et le passé. Les trois demandes qui suivent portent sur les trois parties du temps plus directement et dans un autre ordre, présent, passé, avenir.

τὸν ἄρτον ἡμῶν τὸν ἐπιούσιον
δὸς ἡμῖν σήμερον
« *notre pain, celui qui est surnaturel,
donne-le-nous aujourd'hui* »

Le Christ est notre pain. Nous ne pouvons le demander que pour maintenant. Car il est toujours là, à la porte de notre âme, qui veut entrer, mais il ne viole pas le consentement. Si nous consentons à ce qu'il entre, il entre ; dès que nous ne voulons plus aussitôt il s'en va. Nous ne pouvons pas lier aujourd'hui notre volonté de demain, faire aujourd'hui un pacte avec lui pour que demain il soit en nous même malgré nous. Notre consentement à sa présence est la même chose que sa présence. Le consentement est un acte, il ne peut être qu'actuel. Il ne nous a pas été donné une volonté qui puisse s'appliquer à l'avenir. Tout ce qui n'est pas efficace dans notre volonté est imaginaire. La partie efficace de la volonté est efficace immédiatement, son efficacité n'est pas distincte d'elle-même. La partie efficace de la volonté n'est pas l'effort, qui est tendu vers l'avenir. C'est le consentement, le oui du mariage. Un oui prononcé dans l'instant présent pour l'instant présent, mais prononcé comme une parole éternelle, car c'est le consentement à l'union du Christ avec la partie éternelle de notre âme.

Il nous faut du pain. Nous sommes des êtres qui tirons continuellement notre énergie du dehors, car à mesure que nous la recevons nous l'épuisons dans nos efforts. Si notre énergie n'est pas quotidiennement renouvelée, nous devenons sans force et incapables de mouvement. En dehors de la nourriture proprement dite, au sens littéral du mot, tous les stimulants sont pour nous des sources d'énergie. L'argent, l'avancement, la considération, les décorations, la célébrité, le pouvoir, les êtres aimés, tout ce qui met en nous de la capacité d'agir est comme du pain. Si un de ces attachements pénètre assez profondément en nous, jusqu'aux racines vitales de notre existence charnelle, la privation peut nous briser et même nous faire mourir. On appelle cela mourir de chagrin. C'est comme mourir de faim. Tous ces objets d'attachement constituent, avec la nourriture proprement dite, le pain d'ici-bas. Il dépend entièrement des circonstances de nous l'accorder ou de nous le refuser. Nous ne devons rien demander au sujet des circonstances, sinon qu'elles soient conformes à la volonté de Dieu. Nous ne devons pas demander le pain d'ici-bas.

Il est une énergie transcendante, dont la source est au ciel, qui coule en nous dès que nous le désirons. C'est vraiment une énergie ; elle exécute des actions par l'intermédiaire de notre âme et de notre corps.

Nous devons demander cette nourriture. Au moment que nous la demandons et par le fait même que nous la demandons, nous savons que Dieu veut nous la donner. Nous ne devons pas supporter de rester un seul jour sans elle. Car quand les énergies terrestres, soumises à la nécessité d'ici-bas, alimentent seules nos actes, nous ne pouvons faire et penser que le mal. « Dieu vit que les méfaits de l'homme se multipliaient sur la terre, et que le produit des pensées de son cœur était constamment, uniquement mauvais. » La nécessité qui nous contraint au mal gouverne tout en nous, sauf l'énergie d'en haut au moment qu'elle entre en nous. Nous ne pouvons pas en faire des provisions.

καὶ ἄφες ἡμῖν τὰ ὀφειλήματα ἡμῶν,
ὡς καὶ ἡμεῖς ἀφήκαμεν τοίς ὀφειλέταις ἡμῶν
« *et remets-nous nos dettes, de même que nous aussi avons remis à nos débiteurs* »

Au moment de dire ces paroles, il faut déjà avoir remis toutes les dettes. Ce n'est pas seulement la réparation des offenses que nous pensons avoir subies. C'est aussi la reconnaissance du bien que nous pensons avoir fait, et d'une manière tout à fait générale tout ce que nous attendons de la part des êtres et des choses, tout ce que nous croyons notre dû, ce dont l'absence nous donnerait le sentiment d'avoir été frustrés. Ce sont tous les droits que nous croyons que le passé nous donne sur l'avenir. D'abord le droit à une certaine permanence. Quand nous avons eu la jouissance de quelque chose pendant longtemps, nous croyons que c'est à nous, et que le sort nous doit de nous en laisser encore jouir. Ensuite le droit à une compensation pour chaque effort, quelle que soit la nature de l'effort, travail, souffrance ou désir. Toutes les fois qu'un effort est sorti de nous et que l'équivalent de cet effort ne revient pas vers nous sous la forme d'un fruit visible, nous avons un sentiment de déséquilibre, de vide, qui nous fait croire que nous sommes volés. L'effort de subir une offense nous fait attendre le châtiment ou les excuses de l'offenseur, l'effort de faire du bien nous fait attendre la reconnaissance de l'obligé ; mais ce sont seulement des cas particuliers d'une loi universelle de notre âme. Toutes les fois que quelque chose est sorti de nous nous avons absolument besoin qu'au moins l'équivalent rentre en nous, et parce que nous en avons besoin nous croyons y avoir droit. Nos débiteurs, ce sont tous les êtres, toutes les choses, l'univers entier. Nous croyons avoir des créances sur toutes choses. Dans toutes les créances que nous croyons posséder, il s'agit toujours d'une créance imaginaire du passé sur l'avenir. C'est à elle qu'il faut renoncer.

Avoir remis à nos débiteurs, c'est avoir renoncé en bloc à tout le passé. Accepter que l'avenir soit encore vierge et intact, rigoureusement lié au passé par des liens que nous ignorons, mais tout à fait libre des liens que notre imagination croit lui imposer. Accepter la possibilité qu'il arrive et en particulier qu'il nous arrive n'importe quoi, et que le jour de demain fasse de toute notre vie passée une chose stérile et vaine.

En renonçant d'un coup à tous les fruits du passé sans exception, nous pouvons demander à Dieu que nos péchés passés ne portent pas dans notre âme leurs misérables fruits de mal et d'erreur. Tant que nous nous accrochons au passé, Dieu lui-même ne peut pas empêcher en nous cette horrible fructification. Nous ne pouvons pas nous attacher au passé sans nous attacher à nos crimes, car ce qui est le plus essentiellement mauvais en nous nous est inconnu.

La principale créance que nous croyons avoir sur l'univers, c'est la continuation de notre personnalité. Cette créance implique toutes les autres. L'instinct de conservation nous fait sentir cette continuation comme une nécessité, et nous croyons qu'une nécessité est un droit. Comme le mendiant qui disait à Talleyrand : « Monseigneur, il faut que je vive » et à qui Talleyrand répondait : « Je n'en vois pas la nécessité. » Notre personnalité dépend entièrement des circonstances extérieures, qui ont un pouvoir illimité pour l'écraser. Mais nous aimerions mieux mourir que de le reconnaître. L'équilibre du monde est pour nous un cours de circonstances tel que notre personnalité reste intacte et semble nous appartenir. Toutes les circonstances passées qui ont blessé notre personnalité nous semblent des ruptures d'équilibre qui doivent infailliblement un jour ou l'autre être compensées par des phénomènes en sens contraire. Nous vivons de l'attente de ces compensations. L'approche imminente de la mort est horrible surtout parce qu'elle nous force à savoir que ces compensations ne se produiront pas.

La remise des dettes, c'est le renoncement à sa propre personnalité. Renoncer à tout ce que j'appelle moi. Sans aucune exception. Savoir que dans ce que j'appelle moi il n'y a rien, aucun élément psychologique, que les circonstances extérieures ne puissent faire disparaître. Accepter cela. Être heureux qu'il en soit ainsi.

Les paroles : « Que ta volonté soit accomplie », si on les prononce de toute son âme, impliquent cette acceptation. C'est pourquoi on peut dire quelques moments plus tard : « Nous avons remis à nos débiteurs. »

La remise des dettes, c'est la pauvreté spirituelle, la nudité spirituelle, la mort. Si nous acceptons complètement la mort, nous pouvons demander à Dieu de nous faire revivre purs du mal qui est en nous. Car lui demander de remettre nos dettes, c'est lui demander d'effacer le mal qui est en nous. Le pardon, c'est la purification. Le mal qui est en nous et qui y reste, Dieu lui-même n'a pas le pouvoir de le pardonner. Dieu nous a remis nos dettes quand il nous a mis dans l'état de perfection.

Jusque-là Dieu nous remet nos dettes partiellement, dans la mesure où nous remettons à nos débiteurs.

καὶ μὴ εἰσενέγκῃς ἡμᾶς εἰς πειρασμόν,
ἀλλὰ ῥῦσαι ἡμᾶς ἀπὸ τοῦ πονηροῦ
« *et ne nous jette pas dans l'épreuve,*
mais protège-nous du mal »

La seule épreuve pour l'homme, c'est d'être abandonné à lui-même au contact du mal. Le néant de l'homme est alors expérimentalement vérifié. Bien que l'âme ait reçu le pain surnaturel au moment qu'elle l'a demandé, sa joie est mêlée de crainte parce qu'elle n'a pu le demander que pour le présent. L'avenir reste redoutable. Elle n'a pas le droit de demander du pain pour le lendemain, mais elle exprime sa crainte sous forme de supplication. Elle finit par là. Le mot « Père » a commencé la prière, le mot « mal » la termine. Il faut aller de la confiance à la crainte. Seule la confiance donne assez de force pour que la crainte ne soit pas une cause de chute. Après avoir contemplé le nom, le royaume et la volonté de Dieu, après avoir reçu le pain surnaturel et avoir été purifiée du mal, l'âme est prête pour la véritable humilité qui couronne toutes les vertus. L'humilité consiste à savoir que dans ce monde toute l'âme, non seulement ce qu'on appelle le moi, dans sa totalité, mais aussi la partie surnaturelle de l'âme qui est Dieu présent en elle, est soumise au temps et aux vicissitudes du changement. Il faut accepter absolument la possibilité que tout ce qui est naturel en soi-même soit détruit. Mais il faut à la fois accepter et repousser la possibilité que la partie surnaturelle de l'âme disparaisse. L'accepter comme événement qui ne se produirait que conformément à la volonté de Dieu. La repousser comme étant quelque chose d'horrible. Il faut en avoir peur ; mais que la peur soit comme l'achèvement de la confiance.

Les six demandes se répondent deux à deux. Le pain transcendant est la même chose que le nom divin. C'est ce qui opère le contact de l'homme avec Dieu. Le règne de Dieu est la même chose que sa protection étendue sur nous contre le mal ; protéger est une fonction royale. La remise des dettes à nos débiteurs est la même chose que l'acceptation totale de la volonté de Dieu. La différence est que dans les trois premières demandes l'attention est tournée seulement vers Dieu. Dans les trois dernières, on ramène l'attention sur soi afin de se contraindre à faire de ces demandes un acte réel et non imaginaire.

Dans la première moitié de la prière, on commence par l'acceptation. Puis on se permet un désir. Puis on le corrige en revenant à l'acceptation. Dans la seconde moitié, l'ordre est changé ; on finit par l'expression du désir. C'est que le désir est devenu négatif ; il s'exprime comme une crainte ; par suite il correspond au plus haut degré d'humilité, ce qui convient pour terminer.

Cette prière contient toutes les demandes possibles ; on ne peut pas concevoir de prière qui n'y soit déjà enfermée. Elle est à la prière comme le Christ à l'humanité. Il est impossible de la prononcer une fois en portant à chaque mot la plénitude de l'attention, sans qu'un changement peut-être infinitésimal, mais réel s'opère dans l'âme.

Les trois fils de Noé et l'histoire de la civilisation méditerranéenne

La tradition au sujet de Noé et de ses fils jette une éclatante lumière sur l'histoire de la civilisation méditerranéenne. Il faut en retrancher ce que les Hébreux y ont ajouté par haine. Leur interprétation est étrangère à la tradition elle-même, cela saute aux yeux, puisqu'ils imputent une faute à Cham et font tomber la malédiction sur un de ses fils nommé Canaan. Les Hébreux se vantaient d'avoir entièrement exterminé quantité de cités et de peuples sur le territoire de Canaan, quand Josué les menait. Qui veut noyer son chien l'accuse de la rage. Qui l'a noyé plus encore. On ne reçoit pas contre la victime le témoignage du meurtrier.

Japhet est l'ancêtre des peuples errants, dans lesquels on a reconnu ce que nous nommons les Indo-Européens. Sem est l'ancêtre des Sémites, Hébreux, Arabes, Assyriens et autres ; on range aujourd'hui parmi eux les Phéniciens, pour des motifs linguistiques qui ne sont pas probants ; certains même, sans scrupule à l'égard des morts qui doivent tout supporter, et modelant le passé sur leurs visées présentes, assimilent Phéniciens et Hébreux. Les textes bibliques ne font allusion à aucune affinité des deux peuples, au contraire. On voit dans la Genèse que les Phéniciens sont issus de Cham. Il en est de même pour les Philistins, que l'on regarde aujourd'hui comme des Crétois et par suite comme des Pélasges ; pour la population de Mésopotamie antérieure à l'invasion sémitique, c'est-à-dire apparemment les Sumériens à qui les Babyloniens empruntèrent plus tard leur civilisation ; pour les Hittites ; enfin pour l'Égypte. Toute la civilisation méditerranéenne qui précède immédiatement les temps historiques est issue de Cham. Cette liste est celle de tous les peuples civilisateurs.

La Bible dit : « L'Éternel vit que le produit des pensées du cœur de l'homme était uniquement, constamment mauvais... et il s'affligea. » Mais il y avait Noé. « Noé fut un homme juste, irréprochable entre ses contemporains ; il se conduisit selon Dieu. » Avant lui, depuis le début de l'humanité, seuls avaient été justes Abel et Hénoch.

Noé sauva le genre humain de la destruction. Une tradition grecque attribuait ce bienfait à Prométhée. Deucalion, le Noé de la mythologie grecque, est fils de Prométhée. Le même mot grec désigne l'arche de Deucalion et, dans Plutarque, le coffre où fut enfermé le corps d'Osiris. La liturgie chrétienne fait un rapprochement entre l'arche de Noé et la Croix.

Noé, le premier apparemment, comme Dionysos, planta la vigne. « Il but de son vin et s'enivra, et se mit à nu au milieu de sa tente. » Le vin se trouve aussi, avec le pain, dans les mains de ce

Melchisédech, roi de justice et de paix, prêtre du Dieu suprême, à qui Abraham s'est soumis en lui payant la dîme et en recevant sa bénédiction ; au sujet duquel il est dit dans un psaume : « L'Éternel a dit à mon seigneur : Assieds-toi à ma droite... Tu es prêtre pour « l'éternité selon l'ordre de Melchisédech » ; au sujet duquel saint Paul écrit : « Roi de la paix, sans père, sans mère, sans généalogie, sans origine à ses jours, sans terme à sa vie, assimilé au Fils de Dieu, demeurant prêtre sans interruption. »

Le vin était interdit au contraire aux prêtres d'Israël dans le service de Dieu. Mais le Christ, du début à la fin de sa vie publique, but du vin parmi les siens. Il se comparait au cep de la vigne, résidence symbolique de Dionysos aux yeux des Grecs. Son premier acte fut la transmutation de l'eau en vin ; le dernier, la transmutation du vin en sang de Dieu.

Noé, enivré de vin, était nu dans sa tente. Nu comme Adam et Ève avant la faute. Le crime de désobéissance suscita en eux la honte de leur corps, mais davantage la honte de leur âme. Nous tous qui avons part à leur crime avons part aussi à leur honte, et prenons grand soin de maintenir toujours autour de nos âmes le vêtement des pensées charnelles et sociales ; si nous l'écartions un moment nous devrions mourir de honte. Il faudra pourtant le perdre un jour, si l'on en croit Platon, car il dit que tous sont jugés, et que les juges morts et nus contemplent avec l'âme elle-même les âmes elles-mêmes, toutes mortes et nues. Seuls quelques êtres parfaits sont morts et nus ici-bas, de leur vivant.

Tels furent saint François d'Assise, qui avait toujours la pensée fixée sur la nudité et la pauvreté du Christ crucifié, saint Jean de la Croix qui ne désira rien au monde sinon la nudité d'esprit. Mais s'ils supportaient d'être nus, c'est qu'ils étaient ivres de vin ; ivres du vin qui coule tous les jours sur l'autel. Ce vin est le seul remède à la honte qui a saisi Adam et Ève.

« Cham vit la nudité de son père et alla dehors l'annoncer à ses deux frères. » Mais eux ne voulurent pas la voir. Ils prirent une couverture et, marchant à reculons, couvrirent leur père.

L'Égypte et la Phénicie sont filles de Cham. Hérodote, confirmé par beaucoup de traditions et de témoignages, voyait dans l'Égypte l'origine de la religion et dans les Phéniciens les agents de transmission. Les Hellènes reçurent toute leur pensée religieuse des Pélasges, qui avaient presque tout reçu d'Égypte par l'intermédiaire des Phéniciens. Une page splendide d'Ézéchiel confirme aussi Hérodote, car Tyr y est comparée au chérubin qui garde l'arbre de vie dans l'Éden, et l'Égypte à l'arbre de vie lui-même – cet arbre de vie auquel le Christ assimilait le royaume des cieux, et qui eut comme fruit le corps même du Christ suspendu à la Croix.

Entonne une élégie sur le roi de Tyr. Tu lui diras : « Tu étais le sceau de la perfection... Tu étais dans l'Éden, le jardin de Dieu... Tu étais le chérubin d'élection qui protège... Au milieu des pierres de feu tu circulais. Tu fus irréprochable dans ta conduite depuis le jour où tu fus créé jusqu'à ce que la perversité se rencontrât en toi... »

Dis au Pharaon : « À quoi es-tu comparable ?… Il était un cèdre aux belles branches… Sa cime perçait les nuages. Les eaux l'avaient fait croître. Dans ses branches nichaient tous les oiseaux du ciel, et sous ses rameaux mettaient bas toutes les bêtes des champs. À son ombre demeuraient toutes les grandes nations. Il était beau dans sa grandeur, par la longueur de ses racines, car sa racine baignait dans les grandes eaux… Aucun arbre du jardin de Dieu ne l'égalait en beauté… Tous les arbres d'Éden qui étaient au jardin de Dieu le jalousaient… Je l'ai répudié. Ils l'ont coupé, les étrangers, les plus violents des peuples, ils l'ont jeté là… Sur sa ruine habitaient tous les oiseaux du ciel… J'ai fait mener le deuil ; à cause de lui j'ai recouvert la source profonde… J'ai enténébré pour lui le Liban. »

Si seulement les grandes nations se trouvaient encore à l'ombre de cet arbre ! Jamais depuis l'Égypte on n'a trouvé ailleurs des expressions d'une douceur aussi déchirante pour la justice et la miséricorde surnaturelles envers les hommes. Une inscription vieille de quatre mille ans met dans la bouche de Dieu ces paroles : « J'ai créé les quatre vents pour que tout homme puisse respirer comme son frère ; les grandes eaux pour que le pauvre puisse en user comme le fait son seigneur ; j'ai créé tout homme pareil à son frère. Et j'ai défendu qu'ils commettent l'iniquité, mais leurs cœurs ont défait ce que ma parole avait prescrit. » La mort faisait de tout homme riche ou misérable un Dieu pour l'éternité, un Osiris justifié, s'il pouvait dire à Osiris : « Seigneur de la vérité, je t'apporte la vérité.

J'ai détruit le mal pour toi. » Pour cela, il fallait qu'il pût dire : « Je n'ai jamais mis en avant mon nom pour les honneurs. Je n'ai pas exigé qu'on fît pour moi un temps supplémentaire de travail. Je n'ai fait punir aucun esclave par son maître. Je n'ai fait mourir personne. Je n'ai laissé personne affamé. Je n'ai causé de peur à personne. Je n'ai fait pleurer personne. Je n'ai pas rendu ma voix hautaine. Je ne me suis pas rendu sourd à des paroles justes et vraies. »

La comparaison surnaturelle pour les hommes ne peut être qu'une participation à la compassion de Dieu, qui est la Passion. Hérodote vit le lieu sacré où, près d'un bassin rond en pierre empli d'eau, on célébrait chaque année la fête qu'on nommait mystère et qui représentait le spectacle de la Passion de Dieu. Les Égyptiens savaient qu'il n'est donné à l'homme de voir Dieu que dans l'Agneau sacrifié. Il y a à peu près vingt mille ans, s'il faut croire Hérodote, un être humain, mais saint et peut-être divin, qu'il nomme Héraclès, qui peut-être est identique à Nemrod, petit-fils de Cham, voulut voir Dieu face à face et le supplia. Dieu ne voulait pas, mais, ne pouvant résister à la prière, il tua et dépouilla un bélier, prit sa tête pour masque, revêtit sa toison, et se montra ainsi. En souvenir de cela, une seule fois chaque année on tuait à Thèbes un bélier et on revêtait la statue de Zeus de sa dépouille pendant que le peuple menait le deuil ; puis le bélier était enseveli dans une sépulture sacrée.

La connaissance et l'amour d'une seconde personne divine, autre que le Dieu créateur et puissant et en même temps identique, à la fois sagesse et amour, ordonnatrice de tout l'univers, institutrice des hommes, unissant en soi par l'incarnation la nature humaine à la nature divine, médiatrice, souffrante, rédemptrice des âmes ; voilà ce que les nations ont trouvé à l'ombre de l'arbre merveilleux de la nation fille de Cham. Si c'est là le vin qui enivrait Noé quand Cham le vit ivre et nu, il pouvait bien avoir perdu la honte qui est le partage des fils d'Adam.

Les Hellènes, fils de Japhet qui avait refusé de voir la nudité de Noé, arrivèrent ignorants sur la terre sacrée de la Grèce. Cela est manifeste par Hérodote et bien d'autres témoignages. Mais les premiers arrivés d'entre eux, les Achéens, burent avidement l'enseignement qui s'offrait à eux.

Le dieu qui est autre que le Dieu suprême et en même temps identique à lui est chez eux dissimulé sous un grand nombre de noms qui ne le voileraient pas à nos yeux si nous n'étions aveuglés par le préjugé ; car quantité de rapports, d'allusions, d'indications souvent très claires montrent l'équivalence de tous ces noms entre eux et avec celui d'Osiris. Quelques-uns de ces noms sont Dionysos, Prométhée, Amour, Aphrodite céleste, Hadès, Coré, Perséphone, Minos, Hermès, Apollon, Artémis, Âme du monde. Un autre nom qui eut une merveilleuse fortune est Logos, Verbe ou plutôt Rapport, Médiation.

Les Grecs eurent aussi la connaissance, sans doute aussi reçue d'Égypte, puisqu'il n'y avait pas pour eux d'autre source, d'une troisième personne de la Trinité, rapport entre les deux autres. Elle apparaît partout dans Platon, et déjà dans Héraclite ;

l'hymne à Zeus du stoïcien Cléanthe, inspiré d'Héraclite, nous met la Trinité sous les yeux :

> Telle est la vertu du serviteur que tu tiens sous tes invincibles mains.
> La chose à double tranchant, la chose de feu. l'éternel vivant, la foudre…
> Par elle tu diriges tout droit l'universel Logos à travers toutes choses…
> Lui, engendré si grand, roi suprême dans l'univers.

Sous plusieurs noms aussi, tous équivalents à Isis, les Grecs ont connu un être féminin, maternel, vierge, toujours intact, non identique à Dieu et pourtant divin, une Mère des hommes et des choses, une Mère du Médiateur. Platon en parle clairement, mais comme à voix basse, avec tendresse et frayeur, dans le *Timée*.

D'autres peuples issus de Japhet ou de Sem ont reçu tardivement, mais avidement l'enseignement qu'offraient les fils de Cham. Ce fut le cas des Celtes. Ils se soumirent à la doctrine des druides, certainement antérieure à leur arrivée en Gaule, car cette arrivée fut tardive, et une tradition grecque indiquait les druides de Gaule comme une des origines de la philosophie grecque. Le druidisme devait donc être la religion des Ibères. Le peu que nous savons de cette doctrine les rapproche de Pythagore. Les Babyloniens absorbèrent la civilisation de Mésopotamie. Les Assyriens, ce peuple sauvage, restèrent sans doute à peu près sourds. Les Romains furent complètement sourds et aveugles à tout ce qui est spirituel, jusqu'au jour où ils furent plus ou moins humanisés par le baptême chrétien. Il semble aussi que les peuplades germaniques n'aient reçu qu'avec le baptême chrétien quelque notion du surnaturel. Mais il faut sûrement faire exception pour les Goths, ce peuple de justes, sans doute thrace autant que germain, et apparenté aux Gètes, ces nomades follement épris de l'immortalité et de l'autre monde.

À la révélation surnaturelle Israël opposa un refus, car il ne lui fallait pas un Dieu qui parle à l'âme dans le secret, mais un Dieu présent à la collectivité nationale et protecteur dans la guerre. Il voulait la puissance et la prospérité. Malgré leurs contacts fréquents et prolongés avec l'Égypte, les Hébreux restèrent imperméables à la foi dans Osiris, dans l'immortalité, dans le salut, dans l'identification de l'âme à Dieu par la charité. Ce refus rendit possible la mise à mort du Christ. Il se prolongea après cette mort, dans la dispersion et la souffrance sans fin.

Pourtant Israël reçut par moments des lueurs qui permirent au christianisme de partir de Jérusalem. Job était un Mésopotamien, non un Juif, mais ses merveilleuses paroles figurent dans la Bible ; et il y évoque le Médiateur dans cette fonction suprême d'arbitre entre Dieu même et l'homme qu'Hésiode attribue à Prométhée. Daniel, le premier en date parmi les Hébreux dont l'histoire ne soit pas souillée par quelque trait atroce, fut initié dans l'exil à la sagesse chaldéenne et fut l'ami des rois mèdes et perses. Les Perses, dit Hérodote, écartaient toute représentation humaine de la divinité, mais ils adoraient, à côté de Zeus, l'Aphrodite céleste sous le nom de Mithra. C'est elle sans doute qui apparaît dans la Bible sous le nom de Sagesse. Pendant l'exil aussi la notion du juste souffrant, venue de Grèce, d'Égypte ou d'ailleurs, s'infiltra dans Israël. Plus tard l'hellénisme submergea un moment la Palestine. Grâce à tout cela le Christ put avoir des disciples. Mais combien il dut longuement, patiemment et prudemment les former ! Au lieu que l'eunuque de la reine d'Éthiopie, le pays qui apparaît dans l'*Iliade* comme la terre d'élection des dieux, où selon Hérodote on adorait uniquement Zeus et Dionysos, dans lequel d'après le même Hérodote la mythologie grecque plaçait le refuge où fut caché et préservé Dionysos enfant, cet eunuque n'eut besoin d'aucune préparation. Dès qu'il eut entendu le récit de la vie et de la mort du Christ il reçut le baptême.

L'Empire romain était alors vraiment idolâtre. L'idole était l'État. On adorait l'empereur. Toutes les formes de vie religieuse devant être subordonnées à celle-là, aucune d'elles ne pouvait s'élever au-dessus de l'idolâtrie. On massacra absolument tous les druides de Gaule. On tua et emprisonna les fervents de Dionysos en les accusant de débauche, motif assez peu vraisemblable étant donné la quantité de débauche publiquement tolérée. On pourchassa les pythagoriciens, les stoïciens, les philosophes. Ce qui restait était vraiment de la basse idolâtrie, et ainsi les préjugés d'Israël transmis aux premiers chrétiens se trouvaient vérifiés par coïncidence. Les mystères grecs étaient depuis longtemps avilis, ceux importés d'Orient avaient à peu près autant d'authenticité qu'aujourd'hui les croyances des théosophes.

Ainsi put s'accréditer la notion fausse de paganisme. Nous ne nous rendons pas compte que si les Hébreux de la bonne époque ressuscitaient parmi nous, leur première idée serait de tous nous massacrer, y compris les enfants dans leurs berceaux, et de raser nos villes, pour crimes d'idolâtrie. Ils nommeraient le Christ un Baal et la Vierge une Astarté.

Leurs préjugés infiltrés dans la substance même du christianisme ont déraciné l'Europe, l'ont coupée de son passé millénaire, ont établi une cloison étanche, infranchissable entre la vie religieuse et la vie profane, celle-ci étant tout entière héritée de l'époque dite païenne. L'Europe ainsi déracinée s'est plus tard déracinée davantage en se séparant, dans une large mesure, de la tradition chrétienne elle-même sans pouvoir renouer aucun lien spirituel avec l'Antiquité. Un peu plus tard elle est allée dans tous les autres continents du globe terrestre les déraciner à leur tour par les armes, l'argent, la technique, la propagande religieuse. Maintenant on peut peut-être affirmer que le globe terrestre tout entier est déraciné et veuf de son passé. Cela parce que le christianisme naissant n'a pas su se séparer d'une tradition qui avait pourtant abouti au meurtre du Christ. Et cependant ce n'était pas contre l'idolâtrie que le Christ avait lancé le feu de son indignation, c'était contre les pharisiens, artisans et adeptes de la restauration religieuse et nationale juive, ennemis de l'esprit hellénique. « Vous avez enlevé la clef de la connaissance. » A-t-on jamais saisi la portée de cette accusation ?

Le christianisme, étant éclos en Judée sous la domination romaine, porte en lui à la fois l'esprit des trois fils de Noé. On a pu voir ainsi des guerres entre chrétiens où l'esprit de Cham était d'un côté, celui de Japhet de l'autre. Ce fut le cas de la guerre des Albigeois. Ce n'est pas vainement qu'il se trouve à Toulouse des sculptures romanes de style égyptien. Mais si l'esprit des fils qui ont refusé leur part de l'ivresse et de la nudité a pu se trouver parmi des chrétiens, combien davantage chez ceux qui repoussent le christianisme et reprennent ouvertement la couverture de Sem et de Japhet !

Tous ceux qui ont une part grande ou petite, directe ou indirecte, consciente ou implicite, mais authentique, au vin de Noé et de Melchisédech, au sang du Christ, tous ceux-là sont frères de l'Égypte et de Tyr, fils adoptifs de Cham. Mais aujourd'hui les fils de Japhet et ceux de Sem font beaucoup plus de bruit. Les uns puissants, les autres persécutés, séparés par une haine atroce, ils sont frères et ils se ressemblent beaucoup. Ils se ressemblent par le refus de la nudité, par le besoin du vêtement, fait de chair et surtout de chaleur collective, qui protège contre la lumière le mal que chacun porte en soi. Ce vêtement rend Dieu inoffensif, il permet indifféremment de le nier ou de l'affirmer, de l'invoquer sous des noms faux ou vrais ; il permet de le nommer par son nom sans avoir à craindre que l'âme soit transformée par le pouvoir surnaturel de ce nom.

L'histoire des trois frères, dont le plus jeune, comme dans tous les contes, reçut l'aventure merveilleuse, a-t-elle aussi une portée loin des bords de la Méditerranée ? C'est difficile à deviner. On peut seulement penser que la tradition hindoue, si extraordinairement semblable dans le centre même de son inspiration à la pensée grecque, n'est vraisemblablement pas d'origine indo-européenne ; sans quoi les Hellènes l'auraient possédée en arrivant en Grèce et n'auraient pas eu tout à apprendre. D'autre part, d'après Nonnos, il est question deux fois de l'Inde dans la tradition dionysiaque ; Zagreus aurait été élevé près d'un fleuve indien nommé l'Hydaspe, et Dionysos serait allé faire une expédition en Inde. Soit dit en passant, il aurait rencontré au cours de ce voyage un roi impie qui aurait lancé son armée sur lui alors qu'il se trouvait sans armes, au sud du mont Carmel, et l'aurait forcé à se réfugier dans la mer Rouge. L'*Iliade* parle aussi de cet incident, mais sans le situer. S'agit-il d'Israël ? Quoi qu'il en soit, la parenté de Dionysos avec Vishnou est évidente, et Dionysos se nomme aussi Bacchus. On ne peut rien dire de plus de l'Inde. On ne peut probablement rien dire du reste de l'Asie, ni de l'Océanie, ni de l'Amérique, ni de l'Afrique noire.

Mais pour le bassin méditerranéen la légende des trois frères est la clef de l'histoire. Cham a réellement subi une malédiction, mais qui lui est commune avec toutes les choses, tous les êtres qu'un excès de beauté et de pureté destine au malheur. Beaucoup d'invasions se sont succédé au cours des siècles. Toujours les envahisseurs étaient issus des fils volontairement aveugles. Chaque fois qu'un peuple envahisseur s'est soumis à l'esprit du lieu, qui est celui de Cham, et en a bu l'inspiration, il y a eu civilisation. Chaque fois qu'il a préféré son ignorance orgueilleuse, il y a eu barbarie, et des ténèbres pires que la mort se sont étendues pour des siècles.

Puisse l'esprit de Cham fleurir bientôt de nouveau au bord de ces vagues.

Addendum

Il y a encore une autre preuve que Noé a reçu une révélation. C'est qu'il est dit dans la Bible que Dieu a fait un pacte avec l'humanité dans la personne de Noé, pacte dont l'arc-en-ciel fut le signe. Un pacte de Dieu avec l'homme ne peut être qu'une révélation.

Cette révélation a un rapport avec la notion de sacrifice. C'est en respirant l'odeur du sacrifice de Noé que Dieu résolut qu'il n'aurait plus jamais la pensée de détruire l'humanité. Ce sacrifice fut rédempteur. On pourrait presque croire qu'il s'agit du sacrifice du Christ pressenti.

Les chrétiens appellent sacrifice la messe, qui répète tous les jours la Passion. La *Bhagavat-Gîtâ*, qui est antérieure à l'ère chrétienne, fait dire elle aussi à Dieu incarné : « Le sacrifice, c'est moi-même présent dans ce corps. » La liaison entre l'idée de sacrifice et celle d'incarnation est donc probablement très ancienne.

La guerre de Troie fut un des exemples les plus tragiques de la haine des deux frères contre Cham. Ce fut un attentat de Japhet contre Cham. On ne trouve du côté des Troyens que des peuples qui procèdent de Cham ; on n'en trouve aucun de l'autre côté.

Il y a une exception apparente qui est une confirmation. Ce sont les Crétois. La Crète fut une des perles de la civilisation issue de Cham. Dans l'*Iliade* nous voyons les Crétois aux côtés des Achéens.

Mais Hérodote nous apprend que c'étaient de faux Crétois. C'étaient des Hellènes qui avaient peuplé peu auparavant l'île devenue presque déserte. Néanmoins, à leur retour, Minos irrité contre eux à cause de leur participation à cette guerre les frappa d'une peste. Au ve siècle la Pythie de Delphes interdit aux Crétois de se joindre aux Grecs dans les guerres médiques.

Cette guerre de Troie était bien l'entreprise de destruction de toute une civilisation. L'entreprise réussit.

Homère appelle toujours Troie « la sainte Ilion ». Cette guerre fut le péché originel des Grecs, leur remords. Par ce remords les bourreaux méritèrent d'hériter en partie de l'inspiration de leurs victimes.

Mais il est vrai aussi qu'excepté les Doriens, les Grecs étaient un mélange d'Hellènes et de Pélasges, mélange où les Hellènes étaient l'élément envahisseur, mais où en fait les Pélasges dominaient. Les Pélasges sont issus de Cham. Les Hellènes ont tout appris d'eux. Les Athéniens notamment étaient presque de purs Pélasges.

Si on admet, selon une des deux hypothèses entre lesquelles se partagent les érudits, que les Hébreux sortirent d'Égypte au XIIIe siècle, le moment de leur sortie est proche de l'époque de la guerre de Troie telle qu'elle est indiquée par Hérodote.

Dès lors une supposition simple se présente à l'esprit. C'est que le moment où Moïse jugea, avec ou sans inspiration divine, que les Hébreux avaient suffisamment erré dans le désert et pouvaient entrer en Palestine fut celui où le pays avait été vidé de ses guerriers par la guerre de Troie, les Troyens ayant appelé à l'aide des peuples même assez lointains. Les Hébreux, conduits par Josué, purent massacrer sans peine et sans avoir besoin de beaucoup de miracles des populations sans défenseurs. Mais un jour les guerriers partis pour Troie revinrent. Alors les conquêtes s'arrêtèrent. Même, au début du livre des Juges, on voit les Hébreux beaucoup moins avancés qu'à la fin du livre de Josué ; et on les voit aux prises avec des populations que sous Josué ils disaient avoir entièrement exterminées.

On comprend ainsi que la guerre de Troie n'ait laissé aucune trace dans la Bible, et la conquête de la Palestine par les Hébreux aucune trace dans les traditions grecques.

Pourtant le silence total d'Hérodote sur Israël reste très énigmatique. Il faut que ce peuple ait été regardé à cette époque comme sacrilège, comme quelque chose dont il ne fallait pas faire mention. Cela se conçoit si c'est lui qui était désigné sous le nom de Lycourgos, le roi qui se jeta en armes sur Dionysos désarmé. Mais après le retour d'exil et la reconstruction du Temple, il y eut sûrement un changement.

APPENDICE

Lettre à Jean-Marie Perrin

(fragment incomplet[1])

… Je crois qu'il faut toujours soutenir ce qu'on pense, même si on soutient aussi une erreur contre une vérité ; mais en même temps il faut prier perpétuellement pour obtenir plus de vérité, et être continuellement prêt à abandonner n'importe laquelle de ses opinions dès l'instant où l'intelligence recevra davantage de lumière. Mais non pas auparavant.

Quant à l'existence d'un bloc compact de dogmes en dehors de la pensée, je crois que ce bloc compact est quelque chose d'infiniment précieux. Mais je crois qu'il est offert à l'attention plutôt qu'à la croyance. Lorsque dans un pareil bloc on a manifestement aperçu des points de lumière, on doit penser que les parties sombres paraissent telles le plus souvent parce qu'on ne les a pas regardées avec assez d'attention. Je dis le plus souvent, parce qu'il y a

1. Jean-Marie Perrin date cette lettre d'avril 1942 et précise que la première page de la lettre est manquante.

aussi une part de déformation humaine inévitable, et par suite des parties non inspirées ; mais il faut toujours craindre de se méprendre là-dessus. Dans ce bloc compact il faut regarder les parties sombres jusqu'à ce qu'on en voie jaillir de la lumière ; mais aussi, avant ce moment, on ne leur doit pas une autre adhésion que l'attention elle-même. Je parle de l'attention la plus intense, celle que l'amour accompagne et qui se confond avec la prière. S'il n'y avait pas un tel bloc, on ne regarderait que là où on voit déjà de la lumière, et ainsi on ne progresserait pas.

Il y a des passages de l'Évangile qui me choquaient autrefois et qui sont maintenant pour moi extrêmement lumineux. Mais la vérité qui s'y trouve ne ressemble nullement à la signification que je croyais y voir auparavant et qui me choquait. Si je ne les avais pas lus et relus avec attention et amour, je n'aurais pu parvenir à cette vérité. Mais je n'aurais pas pu y parvenir non plus si j'avais abdiqué ma propre opinion, si j'avais fait acte de soumission à leur égard avant d'apercevoir la lumière qu'ils contiennent. D'autres passages des Évangiles me sont encore fermés ; je pense qu'avec le temps et avec le secours de la grâce l'attention et l'amour doivent un jour les rendre presque tous transparents. De même pour les dogmes de la foi catholique.

Je dois dire que j'ai la même attitude d'esprit à l'égard des autres traditions religieuses ou métaphysiques et des autres textes sacrés, bien que la foi catholique me paraisse de toutes la plus pleine de lumière. Lors de nos premiers entretiens, quand je vous exprimais mes difficultés concernant les autres religions, vous me disiez qu'avec le temps sans doute ces difficultés perdraient à mes yeux leur importance. Je dois à la vérité de dire qu'au contraire plus j'y pense plus l'attitude traditionnelle de l'Église en ce point me paraît inacceptable. Plus j'y pense aussi plus ce point me paraît important, car je crois que cette attitude traditionnelle de l'Église abaisse non seulement les autres religions, mais la religion catholique elle-même. Pourtant il ne me semble plus à présent qu'il y ait là un obstacle insurmontable au baptême. Je crois, peut-être à tort, que l'attitude de l'Église en ce point n'est pas essentielle à la foi catholique, et que l'Église peut changer d'attitude à cet égard comme elle l'a fait à l'égard de l'astronomie, de la physique et de la biologie, à l'égard de l'histoire et de la critique. Il me semble même qu'elle devra changer d'attitude, qu'elle ne pourra pas s'en empêcher.

J'aurais beaucoup à vous dire là-dessus, mais il faut se limiter. J'ajouterai seulement ceci. L'Écriture elle-même contient, il me semble, la preuve tout à fait claire que longtemps avant le Christ, à l'aube des temps historiques, il y avait une révélation supérieure à celle d'Israël. Je ne vois pas quel autre sens on peut donner à l'histoire de Melchisédech et au commentaire qu'en fait saint Paul. À lire le passage de saint Paul là-dessus, on croirait presque qu'il s'agit d'une autre incarnation du Verbe. Mais sans aller jusque-là, la phrase : « Tu es prêtre pour toujours selon l'ordre de Melchisédech » montre avec évidence que Melchisédech se rattachait à une révélation parente de la révélation chrétienne, moins complète peut-être, mais du même niveau ; au lieu que la révélation d'Israël est d'un niveau très inférieur. On ne sait rien sur Melchisédech, sinon…

Lettre à Gustave Thibon

(extrait[1])

… Vous aurez deviné que les paroles du P. Perrin, hier soir, m'ont beaucoup gênée. Elles m'ont presque donné l'impression d'avoir manqué de probité envers lui, bien que j'aie toujours essayé de ne pas lui mentir. La pensée que je pourrais le décevoir, et ainsi lui causer quelque peine, m'est extrêmement pénible, à cause de mon affection pour lui, et parce que je lui suis reconnaissante de la charité qui le porte à désirer mon bien. Pourtant je ne peux pas entrer dans l'Église pour ne pas lui faire de la peine…

Je ne comprends jamais exactement de quoi il parle. Quand il me parlait de me « communiquer la plénitude du Seigneur », est-ce qu'il pensait à ce que les saints et ceux qui approchent de la sainteté sont seuls à posséder ? Alors la vertu des sacrements en aucun cas ne peut le procurer, car jamais personne n'a attribué aux sacrements la vertu de donner la sainteté. S'il me baptisait ce soir, je pense que demain je serais encore presque aussi loin de la

1. Jean-Marie Perrin date également cette lettre d'avril 1942.

sainteté qu'en ce moment ; j'en suis tenue éloignée, par malheur, par des obstacles bien plus difficiles à vaincre que la non-participation aux sacrements. Et si le P. Perrin parlait de la communication de Dieu telle que n'importe quel catholique convaincu l'a reçue, je ne pense pas que ce soit là pour moi une chose à venir. De même quand il parle du « bercail » ; si c'est au sens de l'Évangile, c'est-à-dire le royaume de Dieu, j'en suis malheureusement très loin, extrêmement loin. Si c'est de l'Église qu'il parle, c'est vrai que je suis près, car je suis à la porte. Mais cela ne veut pas dire que je sois près d'y entrer. Il est vrai que la moindre impulsion suffirait pour me faire entrer ; mais encore faut-il une impulsion, sans quoi je peux rester indéfiniment à la porte. Mon très vif désir de faire plaisir au P. Perrin ne peut pas tenir lieu pour moi de cette impulsion, mais ne peut que me retenir pour éviter un mélange illégitime.

En ce moment je serais plutôt disposée à mourir pour l'Église, si elle a besoin un jour prochain qu'on meure pour elle, qu'à y entrer. Mourir n'engage à rien, si l'on peut dire ; cela n'enferme pas de mensonge.

Malheureusement j'ai l'impression que je mens, quoi que je fasse, soit en me tenant hors de l'Église, soit en y entrant, si j'y entrais. La question est de savoir où est le mensonge moindre, et c'est une question encore en suspens dans mon esprit. C'est bien malheureux que précisément sur ce point je ne puisse pas demander conseil au P. Perrin ; car je ne puis mettre devant lui le problème tel qu'il se pose pour moi.

Je voudrais tant toujours faire plaisir aux gens que j'aime, et le destin fait toujours de moi une cause ou une occasion de peine.

Lettre à Maurice Schumann

(extrait[1])

… Toute la partie médiocre de l'âme répugne au sacrement, le hait et le craint beaucoup plus que la chair d'un animal ne recule pour fuir la mort qui va le prendre (…). Plus est réel le désir de Dieu et par suite le contact avec Dieu à travers le sacrement, plus est violent le soulèvement de la partie médiocre de l'âme ; soulèvement comparable à la rétraction d'une chair vivante qu'on serait sur le point de mettre dans du feu. Il a selon les cas principalement couleur de répulsion, ou de haine, ou de peur. (…) Dans son effort désespéré pour survivre et pour échapper à la destruction par le feu, la partie médiocre de l'âme, avec une activité fébrile, invente des arguments. Elle les emprunte à n'importe quel arsenal, y compris la théologie et tous les avertissements sur les dangers des sacrements indignes. À condition que ces pensées ne soient absolument pas écoutées par l'âme où elles surgissent, ce tumulte intérieur est infiniment heu-

1. Jean-Marie Perrin date cette lettre de 1943.

reux. Plus est violent le mouvement intérieur de recul, de révolte et de crainte, plus il est certain que le sacrement va détruire beaucoup de mal dans l'âme et la transporter beaucoup plus près de la perfection.

Table

DU MÊME AUTEUR

Autobiographie spirituelle, dans *Simone en quête de vérité*, présentation et notes de Julien Molard, Parole et Silence, 2005

Cahiers, Plon, 1951, 2e édition 1970, et dans *Œuvres complètes*, Gallimard, t. VI, vol. 1 *Cahiers (1933-septembre 1941)*, 1994 ; t. VI, vol. 2 : *Cahiers (septembre 1941-février 1942)*, 1997 ; t. VI, vol. 3 : *Cahiers (février 1942-Juin 1942)*, 2002

La Condition ouvrière, Gallimard, 1951, rééd. coll. « Folio essais », 2002

La Connaissance surnaturelle, Gallimard, 1950

L'Enracinement. Prélude à une déclaration des devoirs envers l'être humain, Gallimard, 1949, rééd. coll. « Folio-Essais », 1990

Écrits de Londres et dernières lettres, Gallimard, coll. « Espoir », 1957

Écrits philosophiques et politiques, Gallimard, coll. « Espoir », 1960

Intuitions préchrétiennes, La Colombe, Éditions du Vieux Colombier, 1951 ; rééd. Fayard, 1951

Leçons de philosophie de Simone Weil (Roanne 1933-1934), Plon, 1959

Lettre à un religieux, Gallimard, 1951, rééd. Le Seuil, 1974

Note sur la suppression générale des partis politiques, précédée de *Mettre au ban les partis politiques d'André Breton,* suivie de : *Simone Weil* par Alain, Climats, 2006

Oppression et liberté, Gallimard, 1955

Pensées sans ordre concernant l'amour de Dieu, Gallimard, 1962

La Pesanteur et la Grâce, Plon, 1947, rééd. coll « Agora », 1991

Poèmes, suivis de *Venise sauvée*, Gallimard, 1968

Réflexions sur les causes de la liberté et de l'oppression sociale, Gallimard, 1980, rééd. coll. « Folio-Essais », 1998

La Source grecque, Gallimard, 1953

Sur la Science, Gallimard, 1966

Œuvres complètes, établies par André Devaux *et alii*, 16 tomes, 1988 – en cours de publication ; rééd. partielle dans la collection « Quarto », 1999.

EXTRAIT DU CATALOGUE

Spiritualités vivantes

48. *Le Désert intérieur,* Marie-Madeleine Davy.
61. *L'Évangile de Thomas*, traduit et commenté par Jean-Yves Leloup.
65. *La Sagesse du désert. Aphorismes des Pères du désert*, Thomas Merton.
76. *L'Évangile de Jean*, traduit et commenté par Jean-Yves Leloup.
79. *Le Livre des Œuvres divines*, Hildegarde de Bingen.
86. *Écrits sur l'hésychasme*, Jean-Yves Leloup.
94. *Paroles du Mont Athos*, Jean-Yves Leloup.
102. *Les Collations de Jean Cassien ou l'Unité des sources*, textes choisis et présentés par Jean-Yves Leloup.
113. *Homélies de Jean Chrysostome sur l'incompréhensibilité de Dieu*, présentées par Jean-Yves Leloup.
117. *Œuvres*, de saint François d'Assise, traduites et présentées par Alexandre Masseron.
122. *Prière de Jésus, prière du cœur*, Rachel et Alphonse Goettmann.
124. *Le Pèlerin chérubinique*, d'Angelus Silesius, traduit et présenté par Camille Jordens.
147. *Le Miroir des âmes simples et anéanties*, Marguerite Porete.
161. *L'Imitation de Jésus-Christ*, traduit par Pierre Corneille.
168. *Job sur le chemin de la Lumière*, Annick de Souzenelle.
170. *Guérir du malheur*, Lytta Basset.
171. *Le Pouvoir de pardonner*, Lytta Basset.
177. *L'Évangile de Marie,* Jean-Yves Leloup.
178. *Le Féminin de l'Être. Pour en finir avec la côte d'Adam*, Annick de Souzenelle.
181. *Bernard de Clairvaux*, Marie-Madeleine Davy.

183. *Les Psaumes*, traduits et présentés par Patrick Calame et Frank Lalou.
189. *Dietrich Bonhoeffer. Résistant et prophète d'un christianisme non religieux*, Arnaud Corbic.
197. *La Spiritualité orthodoxe et la philocalie*, Placide Deseille.
199. *Teilhard de Chardin*, Édith de la Héronnière.
200. *« Moi je ne juge personne ». L'Évangile au-delà de la morale*, Lytta Basset.
201. *L'Évangile de Philippe*, traduit et commenté par Jean-Yves Leloup.
206. *Jacques, frère de Jésus*, Pierre-Antoine Bernheim.
211. *La Joie imprenable*, Lytta Basset.
212. *Jésus, illustre et inconnu*, Jérôme Prieur et Gérard Mordillat.
216. *La Nuit privée d'étoiles*, suivie de *La Paix monastique*, Thomas Merton.
224. *Résonances bibliques*, Annick de Souzenelle.
225. *Saint François et le sultan*, Gwenolé Jeusset.
226. *Angèle de Foligno*, Michel Cazenave.
228. *Les Cathares*, Anne Brenon.
235. *Les Porteurs de lumière*, Nahal Tajadod.
236. *Le Nuage de l'inconnaissance*, commenté par Bernard Durel.
239. *Les Sermons I à XC*, Maître Eckhart, traduits et présentés par Gwendoline Jarczyk et Pierre-Jean Labarrière.
242. *Cent Prières de chartreux* réunies par Nathalie Nabert.
246. *La Voie du silence dans la tradition des Pères du désert*, Michel Laroche.
250. *Christian de Chergé*, Christine Ray.
254. *Les Traités et le Poème*, Maître Eckhart, traduits et présentés par Gwendoline Jarczyk et Pierre-Jean Labarrière.
257. *Cent Prières de cisterciens*, Association pour le rayonnement de la culture cistercienne.
260. *Le Désir de tourner la page. Au-delà du pardon*, Lytta Basset.
263. *Entre Dieu et le cosmos. Une vision non dualiste de la réalité. Entretiens avec Gwendoline Jarczyk*, Raimon Panikkar.

268. *Le « Notre Père ». Une lecture spirituelle*, Jean-Yves Leloup.
271. *Récits d'un pèlerin russe*, commentés par Gleb Pokrovsky.
279. *L'Expérience de Dieu*, Raimon Panikkar.
281. *Les Épîtres de Jean*, Jean-Yves Leloup.
283. *Prier la parole*, Enzo Bianchi.
285. *La Bible oubliée. Apocryphes de l'Ancien et du Nouveau Testaments*, J. R. Porter.
293. *Les Visions d'Hildegarde de Bingen dans le Livre des œuvres divines*, Marie-Anne Vanier.

Espaces libres

21. *Teilhard de Chardin et le mystère de la Terre*, Jean Onimus.
28. *Marie-Madeleine, un amour infini*, Jacqueline Kelen.
62. *La Place de l'homme dans la nature*, Pierre Teilhard de Chardin, présentation par Jean Onimus.
64. *Accroche ta vie à une étoile*, Stan Rougier. Entretiens avec Jean-Pierre et Rachel Cartier.
67. *J'attends quelqu'un*, Xavier Emmanuelli.
74. *L'Égypte intérieure ou les dix plaies de l'âme*, Annick de Souzenelle.
75. *L'Au-delà au fond de nous-mêmes*, Alphonse et Rachel Goettmann.
79. *La Parole au cœur du corps*, Annick de Souzenelle. Entretiens avec Jean Mouttapa.
81. *La Petite Sainte Thérèse*, Maxence Van der Meersch.
83. *À l'écoute du cœur*, Cardinal Martini.
96. *Dernier avis avant la fin du monde*, Xavier Emmanuelli.
99. *Un Juif nommé Jésus*, Marie Vidal.
104. *Cent Prières possibles*, André Dumas, préface d'Olivier Abel.
106. *Manque et plénitude*, Jean-Yves Leloup.
113. *L'Absurde et la Grâce*, Jean-Yves Leloup.
119. *Un art de l'attention*, Jean-Yves Leloup.
125. *Le Curé de Nazareth. Émile Shoufani, Arabe israélien, homme de parole en Galilée*, Hubert Prolongeau.

126. *L'Évangile d'un libre penseur. Dieu serait-il laïque ?*, Gabriel Ringlet.
128. *Quand la conscience s'éveille*, Anthony de Mello.
136. *Dieu a changé d'adresse*, Odon Vallet.
148. *Éloge de la fragilité*, Gabriel Ringlet.
154. *Appel à l'amour*, Anthony de Mello.
157. *Le Christianisme en accusation*, René Rémond et Marc Leboucher.
159. *Un chemin vers Dieu*, Anthony de Mello.
160. *L'Amour comme un défi*, Stan Rougier.
161. *Du bon usage de la vie*, Bernard Besret.
170. *L'Évangile des païens*, Odon Vallet.
182. *Lettres sur la méditation*, Laurence Freeman.
191. *Le Retour de l'enfant prodigue*, Henry J. M. Nouwen.
197. *Jésus, Marie-Madeleine et l'Incarnation*, Jean-Yves Leloup.
201. *Œdipe intérieur. La présence du Verbe dans le mythe grec*, Annick de Souzenelle.
202. *Saint François d'Assise ou la puissance de l'amour*, Stan Rougier.
205. *Jésus, l'homme qui évangélisa Dieu*, René Luneau.
210. *Une femme innombrable*, Jean-Yves Leloup.
211. *Sœur Emmanuelle, la chiffonnière du ciel*, Sœur Sara et Gilbert Collard.
214. *Préceptes de vie de l'Abbé Pierre*, rassemblés par Albine Novarino.
221. *2000 dates pour comprendre l'Église*, Manfred Heim.
223. *La Consolation des consolations. L'Abbé Pierre parle de la mort*, textes rassemblés par Albine Novarino.
226. *Une spiritualité d'enfant*, Lytta Basset (dir.).
227. *Quel devenir pour le christianisme ?*, Luc Ferry et Philippe Barbarin.
229. *Cathares, la contre-enquête*, Anne Brenon et Jean-Philippe de Tonnac.
230. *La Foi des démons ou l'Athéisme dépassé*, Fabrice Hadjadj.
243. *La Presqu'île interdite*, Alain Durel.

248. *Ceci est ton corps*, Gabriel Ringlet.
255. *Aimer sans dévorer*, Lytta Basset.
256. *Petit Traité de la prière silencieuse*, Jean-Marie Gueullette.
257. *Nous irons tous au paradis. Le Jugement dernier en question*, Marie Balmary et Daniel Marguerat.
262. *Dieu, personne ne l'a jamais vu,* suivi de *Essai sur la violence absolue.* Maurice Bellet.
263. *Invitation à la sérénité du cœur*, Anselm Grün.
264. *Faire la paix.* Jean-Yves Leloup.

Albin Michel spiritualités / grand format

Quand le pape demande pardon, Luigi Accattoli.
Le Moine et la Psychanalyste, Marie Balmary.
Aimer sans dévorer, Lytta Basset.
Au cœur du chaos. La résistance d'un chrétien d'Orient, Patriarche Bechara Raï et Isabelle Dillmann.
L'Enfant hérétique. Une traversée avec Jésus, Gérard Bessière.
Don et Pardon, Enzo Bianchi.
Le Bestiaire du Christ, Louis Charbonneau-Lassay.
Vivants jusqu'à la mort. Accompagner la souffrance spirituelle en fin de vie, Tanguy Châtel.
Assise. Une rencontre inattendue, François Cheng.
Célébrations chrétiennes, collectif.
Matteo Ricci, le sage venu de l'Occident, Vincent Cronin.
La Règle de saint Benoît. Chemin de vie pour les laïcs, Pierre Alban Delannoy
Au cœur de l'Opus Dei, Maria del Carmen Tapia
Vanité des vanités..., Daniel Duigou.
À l'ombre de la tour de Babel, Daniel Duigou.
Chrétiens en Terre sainte, Catherine Dupeyron.
L'Archipel des saints, Alain Durel.
La Vie de saint François d'Assise, Omer Englebert.
La Fleur des saints, Omer Englebert.
L'amour est contagieux. L'évangile de la justice, pape François.
Jésus, le Maître intérieur, Laurence Freeman, préfacé par le Dalaï-Lama.

Chemins de traverse, Emmanuel Faber.

Le Désir et la tendresse. Pour une éthique chrétienne de la sexualité, Éric Fuchs.

Profession théologien. Quelle pensée chrétienne pour le XXI*e siècle ?*, Claude Geffré.

Le Diable au Vatican. Les Légionnaires du Christ et le cas Maciel, Franca Giansoldati.

Comment je suis redevenu chrétien, Jean-Claude Guillebaud.

Maître Eckhart ou l'empreinte du désert, Gwendoline Jarczyk et Pierre-Jean Labarrière.

Le silence est ma joie, Charlotte Jousseaume.

Les Amitiés célestes, Jacqueline Kelen.

Hadewijch d'Anvers ou la Voie glorieuse, Jacqueline Kelen.

L'Autre Messie. L'extraordinaire révélation des manuscrits de la mer Morte, Israël Knohl.

Dieu n'est pas un assureur, Marc-François Lacan.

La vérité ne s'épuise pas, Marc-François Lacan.

Le Grand Livre du Cantique des cantiques, Frank Lalou et Patrick Calame.

Un homme trahi. Le roman de Judas, Jean-Yves Leloup.

L'Apocalypse de Jean, Jean-Yves Leloup.

Un obscur et lumineux silence. La Théologie mystique *de Denys l'Aéropagite*, Jean-Yves Leloup.

La Sagesse qui guérit, Jean-Yves Leloup.

Paroles d'un moine en chemin, Jean-Pierre Longeat et Monique Hébrard.

De l'âme et de son destin, Vito Mancuso.

Le Vrai Pouvoir du Vatican. Histoire d'une diplomatie pas comme les autres, Jean-Michel Meurice.

Mar Moussa. Un monastère, un homme, un désert, Guyonne de Montjou.

Le Jardin des sens. Sensualité de la vie contemplative, Nathalie Nabert.

Éloge du simple. Le moine comme archétype universel, Raimon Panikkar.

Eros enchaîné. Les chrétiens, la famille et le genre, André Paul.

La « Famille chrétienne » n'existe pas. L'Église au défi de la société réelle, André Paul.

La Passion de Thérèse d'Avila, Christiane Rancé.

Une vie dans le refus de la violence, Alain Richard.

La Religion des mormons, Bernadette Rigal-Cellard.

Ma part de gravité. Un itinéraire entre Évangile et actualité, Gabriel Ringlet.

Et je serai pour vous un enfant laboureur... Retourner l'Évangile, Gabriel Ringlet.

Effacement de Dieu. La voie des moines-poètes, Gabriel Ringlet.

« Vous me coucherez nu sur la terre nue ». L'accompagnement spirituel jusqu'à l'euthanasie, Gabriel Ringlet.

L'Ordinaire de Dieu, Marie Rouanet.

Sauver nos vies, Nathalie Sarthou-Lajus.

Voyage en Galilée, d'Émile Shoufani. Photographies Hanan Isachar.

Le Grand Rêve de Charles de Foucauld et Louis Massignon, Jean-François Six.

Alliance de Feu. Une lecture chrétienne du texte hébreu de la Genèse, Tome I, Annick de Souzenelle.

Alliance de Feu. Une lecture chrétienne du texte hébreu de la Genèse, Tome II, Annick de Souzenelle.

La Lettre, chemin de vie, Annick de Souzenelle.

« Va vers toi ». La vocation divine de l'Homme, Annick de Souzenelle.

Les Trois Colonnes du monde. Un chemin vers l'essentiel, Benoît Standaert.

Les Deux Visages de Dieu. Une lecture agnostique du Credo, Michel Théron.

Petit lexique des hérésies chrétiennes, Michel Théron.

Les Signes des temps. À la lumière de Vatican II, Jean Vanier.

Le Juif Jésus et le Shabbat, Marie Vidal.

L'Énigme du Suaire, Ian Wilson.

Les carnets du calligraphe

L'Évangile de Thomas, traduit par Jean-Yves Leloup, calligraphies de Frank Lalou.

Le Cantique des créatures, saint François d'Assise, calligraphies de Frank Missant.

Le Dieu des hirondelles, Poèmes de Victor Hugo présentés par Robert Sabatier, calligraphies de Claude Mediavilla.

Tous les désirs de l'âme. Poèmes d'Arménie traduits par Vahé Godel, calligraphies de Achot Achot.

La rose est sans pourquoi, Angelus Silésius, préface de Christiane Singer, calligraphies de Vincent Geneslay.

Composition Nord Compo
Impression CPI Black Print en octobre 2019
Éditions Albin Michel
22, rue Huyghens, 75014 Paris
www.albin-michel.fr

ISBN : 978-2-226-32643-0
ISSN : 0755-1835
N° d'édition : 22291/02
Dépôt légal : septembre 2016
Imprimé en Espagne